Julia Kotzschmar • Josef K. Pöllath
Strategeme

Julia Kotzschmar • Josef K. Pöllath

# Strategeme

## Etwas aus einem Nichts erzeugen

marixverlag

Bibliografische Information der Deutschen Nationalbibliothek
Die Deutsche Nationalbibliothek verzeichnet diese Publikation in der
Deutschen Nationalbibliografie; detaillierte bibliografische Daten sind
im Internet über http://dnb.d-nb.de abrufbar.

Copyright © by marixverlag GmbH, Wiesbaden 2010
Covergestaltung: Nicole Ehlers, marixverlag GmbH
Bildnachweis: CORBIS GmbH, Düsseldorf
Lektorat: Dr. Bruno Kern, Mainz
Strategeme: Monika Mey vom China Coaching Center, München-Pasing
Satz und Bearbeitung: C & H Typo-Grafik, Miesbach
Der Titel wurde in der Palatino gesetzt.
Gesamtherstellung:
Bercker Graphischer Betrieb GmbH & Co. KG, Kevelaer
Printed in Germany


ISBN: 978-3-86539-235-0


www.marixverlag.de

# Inhalt

Vorwort . . . . . . . . . . . . . . . . . . . . . . . . . . . . . . . . . . . . . . . . . . . . . . 9

Stratagem 1: *man tian guo hai*
Das Meer überqueren und den Himmel täuschen . . . . . 11

Stratagem 2: *wei Wei jiu Zhao*
Wei belagern, um Zhao zu befreien . . . . . . . . . . . . . . . . 14

Stratagem 3: *jie dao sha ren*
Mit geborgtem Messer töten . . . . . . . . . . . . . . . . . . . . . . 17

Stratagem 4: *yi yi dai lao*
Ausgeruht den erschöpften Gegner erwarten . . . . . . . . 21

Stratagem 5: *chen huo da jie*
Einen Brand für eine Plünderung nutzen . . . . . . . . . . . 25

Stratagem 6: *sheng dong ji xi*
Im Osten lärmen und im Westen angreifen . . . . . . . . . . 28

Stratagem 7: *wu zhong sheng you*
Etwas aus einem Nichts erzeugen . . . . . . . . . . . . . . . . . 32

Stratagem 8: *an du Chen Cang*
Heimlich nach Chencang vorrücken . . . . . . . . . . . . . . . 36

Stratagem 9: *ge an guan huo*
Die Feuer am anderen Flussufer beobachten . . . . . . . . 39

Stratagem 10: *xiao li cang dao*
Hinter dem Lächeln einen Dolch verbergen . . . . . . . . . 43

Stratagem 11: *li dai tao jiang*
Den Pflaumenbaum für den Pfirsichbaum vertrocknen
lassen . . . . . . . . . . . . . . . . . . . . . . . . . . . . . . . . . . . . . . . . . . 46

STRATEGEM 12: *shun shou qian yang*
Mit leichter Hand das Schaf wegführen ............ 50

STRATEGEM 13: *da cao jing she*
Auf das Gras schlagen, um die Schlange aufzuscheuchen .......................................... 53

STRATEGEM 14: *jie shi huan hun*
Für die Rückkehr der Seele einen Leichnam ausborgen .......................................... 57

STRATEGEM 15: *diao hu li shan*
Den Tiger aus den Bergen herablocken ............. 61

STRATEGEM 16: *yu qin gu zong*
Etwas loslassen, um es dann gefangen zu nehmen ... 65

STRATEGEM 17: *pao zhuan yin yu*
Einen Ziegelstein hinwerfen, um einen Jadestein zu
erlangen ....................................... 68

STRATEGEM 18: *qin zei qin wang*
Eine Räuberbande durch Gefangennahme des Anführers unschädlich machen ........................ 71

STRATEGEM 19: *fu di chou xin*
Das Feuerholz unter dem Kessel hervorziehen ...... 75

STRATEGEM 20: *hun shui mo yu*
Das Wasser aufwirbeln, um Fische zu fangen ........ 78

STRATEGEM 21: *jin chan tuo qiao*
Die goldene Zikade entschlüpft ihrem Panzer ....... 82

STRATEGEM 22: *guan men zhuo zei*
Die Türe schließen, um den Dieb zu fassen .......... 86

STRATEGEM 23: *yuan jiao jin gong*
Freundschaft mit einem fernen Partner schließen, um
Feinde in der Nachbarschaft anzugreifen . . . . . . . . . . .  89

STRATEGEM 24: *jia dao fa Guo*
So tun, als wäre man auf der Durchreise, um Guo zu
erobern . . . . . . . . . . . . . . . . . . . . . . . . . . . . . . . . . . . . . .  93

STRATEGEM 25: *tou liang huan zhu*
Die tragenden Balken stehlen und die Säulen austau-
schen . . . . . . . . . . . . . . . . . . . . . . . . . . . . . . . . . . . . . . . .  96

STRATEGEM 26: *zhi sang ma huai*
Die Akazie verfluchen, aber auf den Maulbeerbaum
zeigen . . . . . . . . . . . . . . . . . . . . . . . . . . . . . . . . . . . . . . . .  100

STRATEGEM 27: *jia chi bu dian*
Den Dummen spielen, aber schlau bleiben . . . . . . . . . .  103

STRATEGEM 28: *shang wu chou ti*
Auf das Dach locken und dann die Leiter wegzie-
hen . . . . . . . . . . . . . . . . . . . . . . . . . . . . . . . . . . . . . . . . . . .  107

STRATEGEM 29: *su shang kai hua*
Den Baum mit falschen Blumen schmücken . . . . . . . . .  110

STRATEGEM 30: *fan ke wei zhu*
Die Rollen von Gast und Gastgeber vertauschen . . . . .  114

STRATEGEM 31: *mei ren ji*
Mit einer schönen Frau einen Mann ködern . . . . . . . . .  117

STRATEGEM 32: *kong cheng ji*
Die Tore der leeren Stadt einrennen . . . . . . . . . . . . . . . .  121

STRATEGEM 33: *fan jian ji*
Den Spion des Feindes in seinem Lager Zwietracht
säen lassen . . . . . . . . . . . . . . . . . . . . . . . . . . . . . . . . . . . . .  124

STRATEGEM 34: *ku rou ji*
Sich selbst verletzen, um das Vertrauen des Feindes
zu erringen ....................................  128

STRATEGEM 35: *lian huan ji*
Mehrere Listen aneinanderketten  .................  131

STRATEGEM 36: *zou wei shang*
Weglaufen ist die beste Methode  .................  134

ANHANG
Chronologie  ...................................  139
Literatur  .....................................  140
Personenregister  ..............................  141
Sachregister  ..................................  142

Strategien, Listen, Täuschungen und Tücken … was im Westen zunächst ethisch fragwürdig erscheint, war im östlichen Denken seit jeher an der Tagesordnung. Strategeme waren erwünscht und ihre Schöpfer hoch geachtet. Überfliegt man die 36 Kriegslisten, die dieses Buch thematisiert, hat man zunächst den Eindruck von Sprichwörtern, die das Auf und Ab des Lebens in Metaphern kleiden. Doch weit gefehlt: Die 36 Strategeme sind Jahrhunderte alt, sie gehören zu einem Militärtraktat, das in China während der Ming- und Qing-Zeit (1368–1911) verfasst wurde: Das Traktat *Sanshiliu Ji. Miben Bingfa – Die 36 Strategeme. Geheimbuch der Kriegskunst*, ist um 1500 entstanden und vom wachen Geist des Militärhistorikers Zhao Benxue durchdrungen. Die Strategeme selbst sollen von General Tan Daoji stammen, einem für seine Hinterlist bekannten Kriegsführer der südlichen Song-Dynastie. Sicher ist diese Herkunft allerdings nicht; es könnte sich auch um eine schlichte Sammlung militärischer Weisheiten handeln, um die Überlieferungen des von Kriegen und Machtspielen gebeutelten chinesischen Volkes.

Zunächst wurden die Kriegsstrategien wohl nur mündlich weitergegeben, erst 1941 entdeckte man in einem Straßenladen in Chengdu eine gedruckte Version aus dem Jahre 1600. Mao Zedong verbot die Veröffentlichung, und so wurden die Schriften erst 1979, drei Jahre nach seinem Tod, der Öffentlichkeit vorgestellt.

Die 36 Strategeme werden im genannten Traktat durch einen kurzen philosophischen Kommentar erläutert. Sie erklären die geistigen Maximen einer gelungenen Kriegsführung. Der philosophische Kommentar weist auf das so genannte „Buch der Wandlungen" hin, ein Werk, das die übergeordneten Prinzipien des östlichen Denkens zur Grundlage hat: Yin und Yang, das Bestehen der Einheit aus den Gegensätzen, die wechselseitige Abhängigkeit der gegensätzlichen Mächte, der ständige Fluss. Nichts kann isoliert bestehen, alles steht in Abhängigkeit zueinander und beeinflusst sich gegenseitig. Dieses Prinzip bestimmt die Natur, den Menschen, das Zusammenleben und folglich auch die hohe Kunst der Kriegsführung.

Jedes der 36 Strategeme hat Bezugsgeschichten, historische oder literarische Belege, die die Anwendung der List blumig zu erzählen wissen. Neben vielen anderen durchtriebenen Kriegern sind es vor allem große Strategen wie Zhuge Liang, der listige Cao Cao und Liu Bei, um die sich die Geschichten drehen. Liu Bei, Gründer der Shu-Han-Dynastie, erwählte Zhuge Liang zu seinem Berater: Zhuge Liang, auch Kong Ming genannt, entstammte einer Familie aus der Grafschaft Yinan in der Shandong-Provinz. Er war ein berühmter Staatsmann, ein Ideologe und Stratege. Er kämpfte sein Leben lang für den Erhalt der Shu-Dynastie. Cao Cao, ständiger Widersacher Zhuge Liangs, war zwar grausam, aber auch schlau und äußerst geschickt in der Kriegsführung.

Die 36 Strategeme sind, wenn man sie genauer betrachtet, philosophisch durchleuchtet und von den militärischen Fesseln befreit, Strategien oder symbolische Anleitungen für ein erfolgreiches Leben und ein Bestehen in den Wirren des Alltags. Das Wissen um die geschichtlichen Wurzeln ist für das Verständnis der Kriegslisten unabdingbar. Die Strategeme müssen daher aus ihrer Bildersprache gelöst werden, um sie durchschauen und anwenden zu können. Sie zeigen sich dann in gewisser Weise als Überlebensstrategien und offenbaren eine verblüffende Aktualität. Daher fließen sie heute auf vielerlei Weise in psychologische und wirtschaftliche Überlegungen ein. Und dies nicht nur in China, sondern auf der ganzen Welt.

## STRATEGEM 1

# 瞒天过海

## *man tian guo hai*

*Das Meer überqueren und den Himmel täuschen*

### ERLÄUTERUNG

Bei Strategem 1 geht es darum, das Offensichtliche und Vertraute als Medium der Täuschung zu verwenden. Je besser sich eine List oder eine Tat mit dem Alltäglichen verweben lässt, desto weniger durchschaubar ist die eigentliche Absicht dahinter. Dieses Strategem kann nur deshalb gelingen, weil es ein menschliches Prinzip ist, das Geheime, und besonders das Negative, im Verborgenen zu erwarten. Wer ängstigt sich schon am helllichten Tag? Welchen Überfall vermutet man in einer Gruppe von Menschen? Wer denkt schon an ein Komplott unter Freunden?

Wer mitten im Alltag und inmitten des Gewohnten hinterlistige Pläne schmiedet, wird am ehesten damit Erfolg haben. Niemand wird diese Dreistigkeit erwarten. Die wenigsten werden darauf aufmerksam. Sollten die „Gegner" etwas bemerken, das ihnen Besorgnis erregend erscheint, trauen sie sich nicht, sich zu äußern oder gar dagegen einzuschreiten. Zu absurd wirkt der Verdacht.

### GESCHICHTE

Die chinesische Geschichte erzählt folgende Begebenheit: Chen Shubao, letzter und vergnügungssüchtiger Herrscher der nur kurz andauernden Chen-Dynastie, wurde Zielobjekt einer hinterlistigen Vorgehensweise. Während Yang Jian, kommender Herrscher der Sui-Dynastie, den ganzen Norden des chinesischen Reiches eroberte, saß Chen Shubao gemütlich in seinem Palast und gab sich den Freuden des Lebens hin. Als es an der Zeit war, sich auch die südlichen Gebiete einzuverleiben, schickte Yang Jian seinen General He Nuobi aus, um den Staat Chen vom Fluss Yangtze aus einzunehmen. He Nuobi griff aber nicht an, er verfolgte eine gewitzte Strategie: Er ließ zunächst seine Soldaten nur am Nordufer hin und her laufen. Er ließ

11

bunte Lager aufbauen, Fahnen hissen und Rauch aufsteigen. Der Plan ging auf, denn Chen Shubao war gewarnt. Er ließ seine Soldaten aufmarschieren und rüstete für den Kampf auf. Als aber tagein, tagaus nichts geschah, wurden die Soldaten des Wartens müde. Die Aufmerksamkeit ließ nach, schien doch die Bedrohung offensichtlich gar keine zu sein. Die Soldaten am anderen Ufer des Flusses wurden zur Gewohnheit, der Anblick des gegnerischen Heeres alltäglich. Da setzte He Nuobi eines Nachts über, stürmte die Stadt und ließ Chen Shubao, der mit zwei seiner Geliebten fliehen wollte, gefangen nehmen.

In einer anderen Geschichte wird das Strategem in seiner wörtlichen Bedeutung erklärt: Ein Kaiser wurde getäuscht, damit er klaglos bereit war, das gefährliche Meer zu überwinden: Kaiser Tai Zong, Herrscher während der Tang-Dynastie, wollte gegen Koguryo Krieg führen. Das aber befand sich auf der koreanischen Halbinsel am „anderen Ende" des Meeres. Seine Befehlshaber wussten von der Zögerlichkeit ihres Herrn und erdachten sich mit Hilfe von General Xue Rengui folgende List: Sie wollten ein Schiff bauen, das einem Haus völlig gleichsehen sollte, den Kaiser dort hineinlocken und dann in See stechen. Gesagt, getan! Der Kaiser schritt arglos in das vermeintliche Haus eines Bauern, der ihm die Lebensmittel für die Reise bereitstellen sollte. Das Meer war vom Eingang des Hauses aus nicht einsehbar. Erst nach einiger Zeit bemerkte Tai Zong die Wellen und den Wind, doch es war zu spät. Das gesamte Heer befand sich auf einer Flotte inmitten des Meeres. Da erwog der Kaiser keinen Rückzug mehr, und der kriegerische Schachzug wurde durchgeführt.

### DIE WEISHEIT DAHINTER

Der Kaiser wurde gegen seinen Willen in eine ungeliebte Situation manövriert. Dazu braucht es Mut auf Seiten der Mitstreiter. In der konfuzianischen Ethik bezeichnen Tapferkeit und Mut die Fähigkeit, Widerstände zu überwinden und Probleme zu lösen. Weise ist derjenige, der für sich und die ihm anvertrauten sozialen Gruppen die jeweils notwendigen und damit nützlichen Entscheidungen treffen kann. Ein weiser Mann fragt also in erster Linie nach dem Wohl des eigenen

Landes. Irgendwie geartete Skrupel würden das weise, planvolle Handeln nur einschränken oder gar unmöglich machen.

Dieser Grundsatz ist dem Theorem Machiavellis: „Gut ist, was geht", sehr ähnlich. In seinem Werk „Der Fürst" schreibt er: „Ein Mensch, der immer nur das Gute tun wollte, muss zugrunde gehen unter so vielen, die nicht gut sind." Und mit Thomas Hobbes lässt sich in diesem Zusammenhang sagen: „Der Zweck heiligt die Mittel."

Den Herrscher für eine Sache zu gewinnen, die diesem höchst zweifelhaft erscheint und die er des Risikos wegen ablehnt, verlangt zunächst eine gehörige Portion Selbstbewusstsein. Ferner muss der Agierende von seinem eigenem Vorhaben überzeugt sein. Damit das große Ziel auch wirklich erreicht werden kann, müssen alle Unwägbarkeiten reflektiert werden: Was tun, wenn dieses oder jenes Hindernis auftritt? Wie damit umgehen, wenn den Herrscher der Mut verlässt? Der Handelnde muss die Verantwortung übernehmen und für alle Unbill und Probleme gewappnet sein. Das bedarf einer äußerst detaillierten Planung. Und es setzt voraus, dass ihm die Mitstreiter bedingungsloses Vertrauen schenken. Besonders der Herrscher darf keine Sekunde ins Zweifeln kommen. Sein Vertrauen in den Agierenden ist die wichtigste Voraussetzung für den Erfolg des Unternehmens.

### DIE WEISHEIT ANWENDEN

Was liegt näher, als sich dieses Strategem in der Wirtschaft zunutze zu machen? Sind doch hier die möglichen Bezugsfelder augenfällig. Und sicher findet in so manchem großen Wirtschaftsunternehmen Strategem 1 längst Anwendung. Dabei ist das Strategem eigentlich ein Paradesymbol für die Krisenintervention in allen Fällen sozialer und pädagogischer Arbeit. Ein mögliches Einsatzfeld ist beispielsweise die Arbeit mit Gruppen, wenn der Vorgesetzte aufgrund von Interessenskonflikten keine Zeit findet, die eigentlichen Ziele in den Blick zu nehmen. Dann sind die so genannten Stellvertreter gefordert. Aber auch innerfamiliär lassen sich mit diesem Strategem Krisen meistern und Konflikte lösen. Und zwar immer dann, wenn der eigentlich Entscheidende aufgrund realer oder irrealer Ängste in Lethargie erstarrt.

Wie man aus der Gruppendynamik weiß, übernimmt ein Mitglied der Gruppe dann die Leitung, wenn der eigentliche Leiter keinen demokratischen Führungsstil pflegt, die Gruppe also entweder autoritär kontrolliert oder aber, im anderen Extrem, die Gruppe einfach laufen lässt. Dies kann zum Auseinanderbrechen der Mannschaft führen. Daher wird ein starkes Mitglied die Leitungskompetenz in der Gruppe übernehmen und den eigentlichen Chef weitgehend entmachten, worüber dieser nicht selten sogar froh ist. So ist es denkbar, dass die Gruppe sich schon längst auf dem Weg „übers Meer befindet", selbst wenn der „König" noch immer in seinen Gedanken über Für und Wider der Pläne verstrickt ist.

STRATEGEM 2

# 围魏救赵

## *wei Wei jiu Zhao*

*Wei belagern, um Zhao zu befreien*

### ERLÄUTERUNG

Die Stadt Zhao sollte befreit werden, sie wurde aber mit einem großen Heer belagert. Also musste eine Strategie gefunden werden. Strategem 2 will den Angreifer davor warnen, dem starken Gegner direkt in die machtvollen Arme zu laufen. Andererseits will die Finte dazu anleiten, den Gegner zu täuschen oder zu schwächen, ihn aber auf alle Fälle zunächst herankommen zu lassen. Es ist sinnvoll, den Angriff des Feindes gut vorbereitet abzuwarten und dann gezielt seine Aktionen zu stören, oder aber geschickte Schachzüge zu planen, die seine schwächsten Punkte treffen und ihn entmachten. Ein ermatteter Gegner, der unerwarteten Widerstand erfährt, kann sich nicht mehr auf seinen eigentlichen Plan konzentrieren und beginnt, Fehler zu machen. Er wird vom Unwichtigen so sehr abgelenkt, dass er das eigentlich Wichtige außer Acht lässt. Die List rät dazu, unerwartete Angriffe auf scheinbar uninteressante Ziele zu starten. So werden sich die

Kräfte des Gegners darauf konzentrieren, und der Weg ist frei für den eigentlichen Kampfplatz.

GESCHICHTE

Die Geschichte, die für Strategem 2 die Folie bildet, erzählt vom Kampf um die Stadt Zhao. Soldaten aus dem Königtum Wei und ihr Befehlshaber Pang Juan belagerten Zhao. Als die Belagerung schon lang andauerte, bat der König von Zhao das mächtige Reich Qi um Hilfe. Statt die Soldaten nach Zhao zu schicken, um dort gegen die Masse an Gegnern zu kämpfen, wollte Sun Bin, der ein kluger und taktisch ausgefeilter Stratege aus dem Reich Qi war, seine Soldaten direkt ins verlassene Wei schicken. Die Reaktion folgte auf den Fuß: Die Soldaten Weis zogen sich umgehend von der Belagerung Zhaos zurück, um ihr Heimatreich aufzusuchen und es zu schützen. Nicht nur die nachfolgenden Soldaten Zhaos fügten dem Heer des Reiches Wei große Verluste zu, auf dem Weg zurück in die Heimat wurden die Soldaten auch noch von einem gemeinen Hinterhalt des Heers von Qi überrascht. Damit war Stadt Zhao gerettet, Wei vernichtet und die Belagerung geschickt abgewehrt und beendet.

DIE WEISHEIT DAHINTER

Dieses Strategem zeigt in seiner Struktur ein klares und sehr effektives Reagieren, allerdings nicht, wie man gemeinhin annehmen würde, in direkter, geradliniger Stoßrichtung. Das Handeln erfolgt indirekt, in Vermeidung der unmittelbaren Konfrontation, die dann später umso heftiger ausfallen wird. Die Schwäche in Stärke zu verwandeln, erfordert in diesem Zusammenhang ein konsequentes Ausnutzen der Fehler des (starken) Widersachers. Das chinesische Menschenbild ist eher vom Reagieren auf bestimmte Situationen gekennzeichnet. Im Gegensatz dazu steht die abendländische Ich-Darstellung. Allerdings zeigt die beschriebene Art der Reaktion nur dann den gewünschten Erfolg, wenn eine weitere wichtige Komponente verwirklicht wird: die Berücksichtigung der jeweiligen sozialen Situation des Gegners.

Schwächen des Gegners auszunutzen ist oberflächlich gesehen ein ganz normaler Vorgang, der noch nichts Anrüchiges an

sich hat. Die Schwäche des Gegenspielers konsequent auszu-
beuten hat zahlreiche mythische Entsprechungen in der westlichen Tradition: Achilles, der griechische Held, der bis auf seine
Ferse als unverwundbar galt, die ihm dann aber zum Verhängnis
wurde. Oder Siegfried im Nibelungenlied. Auch er war unverwundbar bis auf jene kleine Stelle an seinem Schulterblatt, die
Hagen heimtückisch ausnutzte, um ihn zu töten.

Allein diese beiden Beispiele zeigen, dass es eine ungeheure
Kraft hat, sich die Schwächen des anderen zunutze zu machen.
Ein starker Gegner ist nur zu bezwingen, wenn man sich ausschließlich auf seine Schwächen konzentriert. Dabei gilt es natürlich, die verwundbaren Schultern und Fersen zu entdecken.
Dazu ist ein sehr gründliches Beobachten und Studieren des
Gegners erforderlich. Und dann genügt es, lediglich auf seine
vorhersehbare Reaktion zu warten, um ihn in die Falle tappen
zu lassen. Damit dies gelingt, ist es von Vorteil, den Feind von
der unmittelbaren Gefahr abzulenken, ihn also ins Leere laufen
zu lassen. Es gibt ein chinesisches Sprichwort, das einen sehr
wichtigen Aspekt dieser Haltung beschreibt: „Setze dich ans
Ufer des Flusses und warte, bis in diesem die Leichen deiner
Feinde vorbeischwimmen." Man geht dem Kampf scheinbar
aus dem Weg, lässt die Dinge also erst einmal geschehen und
greift in einem unvermuteten Moment an. Nun ist der Gegner
gezwungen zu reagieren. Das ist sein Verhängnis, denn dadurch geschwächt, wird er nun tatsächlich angegriffen, aber
wieder nicht frontal, sondern aus dem Hinterhalt. Nach diesem
Doppelschlag ist er derart in die Knie gezwungen, dass er über
lange Zeit hinweg nicht mehr zu Kräften kommt.

Zusammenfassend zeigen sich drei komplexe Reaktions-
weisen: Die Fähigkeit, sich im entscheidenden Moment Hilfe zu
holen. Der Helfer greift nicht blind ins Geschehen ein, sondern
der Verbündete greift den Aggressor an dessen verwundbarster
Stelle an. Und dann wartet der Angreifer, bis der Feind seiner-
seits zum Schlag ausholt. Und erst jetzt wird er besiegt.

### Die Weisheit anwenden

Ablenkungstaktiken sind vor allem in der Erziehung kleiner
Kinder sehr beliebt. Ablenkung ist alles, und Eltern nehmen
lieber das kleinere Übel „Kaugummi" in Kauf, anstatt mit dem

Kleinkind um den teuren Bagger schachern zu müssen und mit dem schreienden Sprössling den Laden zu verlassen. Das Kind gibt das eigentliche Ziel seiner Bemühungen für das andere auf.

Auch in Zeiten vor wichtigen Wahlen finden wir Strategem 2 häufig in einer äußerst zweifelhaften Anwendung: Anstatt eine Person politisch oder fachlich auszustechen, werden Ereignisse aus dem Privatleben der Politiker ans Licht der Öffentlichkeit gezerrt, um die Integrität der Person zu desavouieren und den Menschen unbeliebt zu machen. Das Ziel ist also nicht mehr der Politiker mit seinen bestimmten Fähigkeiten und fachlichen Intentionen, sondern der unvollkommene Mensch dahinter. Strategemisch gesprochen wirkt der persönliche Angriff besser, da intime Berichte und geheime Dossiers über Personen der Öffentlichkeit große Medienwirksamkeit garantieren.

Häufig kann man auch auf den großen Kriegsschauplätzen der Wirtschaft Tücken entdecken, die als Anwendung des zweiten Strategems verstanden werden können. Gerüchte über Schwachstellen der Firmenpolitik kommen oft gleichzeitig mit der Veröffentlichung eines neuen Produkts ans Licht. Ganz offensichtlich hat die Konkurrenz großes Interesse daran, die Wirtschaftsmacht des Mitbewerbers zu schwächen und vom eigentlichen Thema abzulenken.

STRATEGEM 3

# 借刀杀人
*jie dao sha ren*

*Mit geborgtem Messer töten*

ERLÄUTERUNG

Diese List enthält verschiedene Aspekte. Sie besagt, dass es geschickter wäre, den Gegner von anderer Hand als der eigenen besiegen zu lassen. Warum sich selbst ins Zentrum des Geschehens stellen, wenn die geistige oder körperliche Arbeit auch ein anderer, ein Verbündeter oder sogar der Gegner selbst erledigen kann, der möglicherweise deutlich besser aufgestellt ist, als man selbst? Zudem rät das dritte Strategem dazu, ruhig zu bleiben, abzuwarten, den Gegner indirekt zu schlagen und ihn mit seinen eigenen Stärken und Prinzipien zu konfrontieren. Warum sich selbst in direkte Gefahr begeben, wenn das Resultat auch mit Hilfe anderer Ideen und Kräfte erreicht werden kann? Womöglich sogar mit den geliehenen Kräften des Gegners: Durch genaue Kenntnis des Feindes, durch das Erfassen seiner Möglichkeiten und Kräfte kann es gelingen, ihn mit genau diesen zu schlagen, ihn also „mit dem geborgten Messer zu töten".

### GESCHICHTE

Chinas Geschichte erzählt von einer Begebenheit, die das Strategem anschaulich erklärt: Der Herzog von Zheng wollte das Reich Kuai erobern und befahl seinen Männern, sich im gegnerischen Lager umzuhören. Die Spione leisteten gute Arbeit und nannten ihrem Herzog alsbald die wichtigsten Köpfe im feindlichen Reich: Beamte, Heeresführer, Berater und Strategen. Nun ersann der Herzog folgende List: Er verkündete öffentlich, dass er nach einer Unterwerfung der Feinde all die Männer auf der Liste reich entschädigen und belohnen wollte. Sie sollten gute Posten in seinem Reich erhalten. Diese Liste ließ er feierlich vor den Toren Kuais vergraben. Natürlich hoffte er, fleißige Spione in seinen Reihen zu haben, die die Kunde nach Kuai hineintragen würden. Und so war es auch: Als der Herrscher des Staates Kuai von dieser Liste Kenntnis erhielt, bezichtigte er all die Männer, die darauf genannt waren, des Hochverrats und ließ sie umbringen. Als der Herzog von Zheng dies hörte, ließ er sofort sein Heer aufmarschieren, für das es nun ein Leichtes war, den Staat Kuai zu erobern. Man hatte ihm die Arbeit abgenommen und die militärischen Köpfe sowie die staatlichen Beamten selbst hingerichtet.

### DIE WEISHEIT DAHINTER

Dieses aus dem Konfuzianismus stammende Strategem hat zahlreiche Entsprechungen sowohl in der östlichen wie in der westlichen Philosophie und Religionsgeschichte. Anders als in der westlichen Tradition wird in den großen chinesischen

Denkströmungen nicht zwischen Philosophie und Religion unterschieden. Östliches Denken orientiert sich nicht an einer wie immer angenommenen Welterkenntnis ohne Bezug zum Menschen oder zur Natur. Östliches Denken ist in erster Linie lebensnah. Im westlichen Denken hingegen ist Lebensnähe vor allem Teil der Religionen.

Das Stellvertreter-Prinzip, wie es im dritten Strategem zum Ausdruck kommt, ist daher abendländischem Denken nicht fremd, sondern hat hier eine lange und zutiefst religiöse Tradition. Erinnert sei an die frühe Königszeit in Israel, und da vor allem an den aggressiven Stellvertreterkrieg Davids, den er seine Söldnertruppe gegen die eigenen Staaten führen lässt. Walter Dietrich nennt David einen „War-Lord", einen Milizenführer (in: Die frühe Königszeit in Israel, Seite 154), der über diesen Umweg seine Karriere plante und nur deshalb zum König von Juda und Israel gewählt wurde.

Es verleiht dem kühl Planenden schon ein ganz besonderes Gefühl der Überlegenheit, wenn es ihm gelingt, einen anderen für seine eigenen Ziele und Interessen zu instrumentalisieren. Wenn es sich dann auch noch um den Feind handelt, den es zu besiegen gilt, dann dürfte das süße Hochgefühl der Dominanz alles überdecken. Aber wenn sich auch nur ein geringer Zweifel meldet, hat der Hochmütige schon verloren. Die Instrumentalisierung kann nur gelingen, wenn sie ohne skrupulöse Begleitmusik daherkommt.

Den anderen mit einem geborgten Messer zu töten, kann nur Erfolg haben, wenn die Vorbereitung in kühler, alle Hindernisse abwägender Distanz erfolgt und die Durchführung ohne Hektik geschieht. Chaos und Emotion stehen dem Überlegenheitssymbol diametral entgegen. Das einzige Gefühl, das sich der kluge Stratege erlauben darf, ist die empathische Einfühlung in den Gegner, mit dem Ziel, ihn letztlich an seiner schwächsten Stelle zu treffen. Das verlangt eine sehr genaue und ruhige Beobachtung, gewissermaßen ein Studium des Gegenspielers mit allem, was diesen umgibt, was die Person zu dem macht, was sie ist. Und dabei darf der Stratege seine eigenen Interessen in keiner Phase seiner Planung zu erkennen geben.

DIE WEISHEIT ANWENDEN

Das Prinzip des „geborgten Messers" hat eine lange Tradition und findet sich in nahezu allen Lebensbereichen: Schon allein ein Begriff, ein Name oder ein Titel trägt eine geborgte Kraft und kann einem Tore öffnen, durch die man sonst niemals gehen könnte. Beispiele für geliehene Attribute gibt es viele: Der Dr.-Titel impliziert Intelligenz, Bildung und eine gewisse fachliche Überlegenheit. Der Tiger in der Werbung „borgt" dem Benzin seine Stärken wie Kraft, Geschmeidigkeit und Schnelligkeit. Fotos hungernder Kinder bei Spendenaktionen machen den Betrachter emotional weich und freigiebig.

Menschen leihen sich also die bestechenden Fähigkeiten oder Besonderheiten von Situationen, Mitmenschen, Tieren etc. aus, um das eine oder andere zu erreichen.

In den letzten Jahren ist das Poker-Spiel wieder ganz massiv im Vormarsch. Wie man weiß, hat beim Poker nur derjenige Siegchancen, der seine eigenen Gefühle, seinen Plan und sein wirkliches Blatt am besten verbergen kann, der den Gegner gewissermaßen durch seine außerordentliche Coolness in die Enge treibt. Ob er nun tatsächlich über die Stärke verfügt, die sein gesamtes Benehmen ausstrahlt, ist zweitrangig. Das Blendwerk ist entscheidend. Allein die Möglichkeit, dass er die Kraft haben könnte, genügt, um sich ihm zu unterwerfen oder vor ihm zu kapitulieren.

Die kühle Distanz, die überlegene geradlinige Planung ist aber nur eine Eigenschaft, die der Stratege braucht, um erfolgreich zu sein. Die wesentlich schwierigere Seite ist die distanzierte Empathie, das Einfühlen in den Gegner. Wie eine Made im Speck sitzen und warten, und dann den Gegner selbst die Klinge führen lassen. Sich die Hände nicht schmutzig machen. Dabei wendet der *Täter* so wenig Kraft wie möglich auf: Ruhig und selbstkontrolliert sieht er den Wechselfällen entgegen.

In der Arbeit mit Gruppen oder in der eigenen Abteilung ist es für einen Leiter wichtig, sich mit dem Rädelsführer zu verbünden und ihm Verantwortung zu überlassen, ja, diesem vielleicht sogar die Kärrnerarbeit zu übertragen, und zwar im Vollsinn des Wortes. Den Kärrner, obwohl er vielleicht der größte Kritiker des Leiters ist, vor dem gesamten Team herauszustellen und ihm, statt ihn zu kritisieren, offizielle Leitungsfunktion

zu übertragen, ist ein Trick, wie man chaotische Gruppenstrukturen in den Griff bekommen kann. Einem Chef, der das
Gefühl nicht los wird, dass man ihn absägen möchte, kann man
nur empfehlen, Stratagem 3 auf seine Situation zu übertragen
und die chinesische Täuschungslist auszuschöpfen.

STRATEGEM 4

以逸待劳

*yi yi dai lao*

*Ausgeruht den erschöpften Gegner erwarten*

ERLÄUTERUNG

Diese List scheint auch dem größten Zweifler leicht verständ-
lich. Der erschöpfte Gegner, das von langen Kämpfen ausgezehr-
te Heer, lässt sich selbstverständlich viel leichter angreifen als
ein ausgeruhter Trupp starker Soldaten. Das Strategem will dem
Leser die List des Abwartens, des Ausharrens nahebringen. Es
gilt, als Erster am Kriegsschauplatz zu sein und das vom langen
Marsch erschöpfte feindliche Heer erholt anzugreifen. Der
Angreifer kann den Kriegsort im Vorfeld in Ruhe erforschen, er
wählt die Aufstellung aus und diktiert den Moment des Angriffs.

Der andere Aspekt der Taktik besteht darin, mit der eigenen
Armee abzuwarten, bis sich die gegnerischen Soldaten durch
Übungen, Angriffsversuche und die demoralisierend verstrei-
chende Zeit selbst aufreiben. Kleinere Nebenschauplätze bieten
sich an, um den Gegner Stück für Stück zu schwächen. Erst wenn
der Moment der Erschöpfung im feindlichen Lager erkennbar
ist, erfolgt der Angriff.

GESCHICHTE

Aus der chinesischen Geschichte lässt sich folgende Begebenheit berichten: Sun Bin aus dem Reich Qi stand wieder
einmal vor den Toren des Staates Wei, um ihn einzunehmen.

Die Soldaten aus Wei, die den kleinen Staat Han belagerten, sollten abgelenkt werden und nach Wei zurückkehren. So wollte Sun Bin den Staat Han retten, der ihn um Hilfe gebeten hatte. Schon einmal hatte diese List funktioniert, wie wir bei Strategem 2 erfahren durften. Doch ein General aus Wei, Pang Juan, erinnerte sich noch gut an die Belagerung Zhaos und zog sich umgehend aus Han zurück, um Sun Bin und seinem Heer machtvoll entgegenzutreten. Sun Bin wendete Strategem 4 an und floh vor dem Feind. Das Heer aus Wei verfolgte ihn und verbrauchte all seine Kräfte. Er glaubte, den Sieg schon in der Tasche zu haben, als Sun Bins Heer in einem überraschenden Moment zuschlug. Sun Bin wandte einen neuen Trick an: Er ließ während der Flucht immer weniger Feuerstellen auf seinen Lagerplätzen zurück. So gab er Pang Juan das Gefühl, viele seiner Soldaten hätten den sicheren Rückzug angetreten. Pang Juan hatte in seinem Hochmut sein Heer zurückgelassen und war nur mit ein paar Reitern unterwegs. In einem engen Tal starteten die Soldaten aus Qi ihren Angriff auf die Reiter Pang Juans und vernichteten diese. Pang Juan schnitt sich vor Verzweiflung selbst die Kehle durch. Die Kriegslist war aufgegangen.

### DIE WEISHEIT DAHINTER

Der Skandal ist der Hinterhalt. Den Gegner in einen Hinterhalt zu locken, um ihn dann vernichtend zu schlagen, hat etwas Verwerfliches an sich. Ein solches Verhalten verlangt eine lange Vorbereitung, ein geduldiges Ausharren und einen langen Atem, wie man salopp sagt. Ein solch philosophisches Theorem passt nicht zum westlichen Denken. Abendländisches Denken und Handeln ist schnelllebig. „Was kümmert mich mein Geschwätz von gestern", ist der charakterisierende Satz für eine Art Unverbindlichkeit im Geiste. Um den Gegner einzuschüchtern, genügt lautes Poltern: den Gegner bezwingen, indem man ihn zur Kapitulation bringt, bevor es noch zur eigentlichen Auseinandersetzung gekommen ist. Nicht so tun, als ob man nur eine kleine Armee habe, sondern über die kleine Armee so lange reden, bis sie als unbezwingbar erscheint. Auf diese Weise ist dem Gegner aber nicht immer beizukommen. „Stelle dein Licht nicht unter, sondern auf den Scheffel,

damit jeder sieht, wie hell dein Licht leuchtet", heißt es in der
Bibel (vgl. Matthäus 5,15f.).

Strategem 4 geht den umgekehrten Weg: Hier wird unter-
und nicht übertrieben. Nicht langes Reden oder Theoretisieren,
sondern rein pragmatisches Denken wird zum Leitsymbol des
Handelns. Sich so klein zu machen, dass der Gegner sich abso-
lut sicher ist, den Kampf für sich entscheiden zu können, das
ist der entscheidende Gedanke der östlichen Strategie. Der
Feind tappt hochmütig in die Falle, wo ihn der ausgeruhte
Angreifer schon lange erwartet. Während sich der vermeintlich
übermächtige Feind in Sicherheit wiegt und die gesamte
Vorbereitung zum Kampf gegen den scheinbar Schwachen vo-
rantreibt, hat ihn der ausgeruhte Gegner schon längst bis in alle
Kleinigkeiten analysiert und durchschaut. Und so schnappt die
Falle zu. Es ist wie im Märchen vom Hasen und Igel: Der ausgeruhte Widersacher ist längst da, wenn der zermürbte, abge-
kämpfte Hase ans Ziel kommt.

Selbstüberschätzung bewirkt, wenn letztlich in aller Öffentlichkeit sichtbar wird, dass die gezeigte Stärke nichts als
Hochmut war, eine irreversible Selbstzerstörung. In unserem
Strategem konnte Pang Juan mit der erlittenen Schmach nicht
weiterleben. Eine falsche Fährte zu legen und den Gegner ausgeruht zu erwarten, das hat schon etwas sehr Erhabenes an
sich. Die mit in die Tat hineinspielende und unermessliche
Energie freisetzende Rache verschafft dem Sieger Gerechtigkeit.
Die Rache ist das tragende Motiv des vierten Strategems. In der
menschlichen Wirklichkeit kommt es doch eher selten zu solchen Lösungen.

Im „normalen" Leben ist das Rachemotiv eher etwas für
Idioten, wie im Film „Der Clou" Henry Gondorff (gespielt von
Paul Newman) seinen jungen Partner Johnny Hooker (Robert
Redford) belehrt. Und tatsächlich macht Rache vielfach blind.

Sun Bin dachte lange nach, heißt es. Er ließ sich zwölf Jahre
Zeit. Für den westlichen, im 21. Jahrhundert angekommenen
Menschen sind zwölf Jahre eine Ewigkeit. So lange kann heute
niemand mehr warten. Nach diesem Zeitraum wäre auch die
Energie spendende Rache nicht mehr spürbar. Und wenn doch,
dann spülte sie alle anderen Gefühle über Bord.

So manche Konfliktlösung im menschlichen Zusammenleben bedarf einer ruhigen Reflexion. Sie braucht die genaue Planung für den besten Zeitpunkt, wann etwas wie angesprochen werden kann, zumal dann, wenn der andere uneinsichtig ist und gar nicht daran denkt, auch nur einen Millimeter von seiner Position abzuweichen. Freilich sollte sich der tatsächlich stärkere Konfliktpartner gut überlegen, den Gegner nicht so anzugehen, dass jener sein Gesicht verliert (sich im übertragenen Sinn die Kehle durchschneiden muss).

Geduld und Ruhe sind die entscheidenden Faktoren: andere die Arbeit machen lassen und sich erst im letzten Moment einschalten.

### DIE WEISHEIT ANWENDEN

Viele Firmenbosse nutzen diese Strategie, um letztlich die Lorbeeren für sich zu sichern. Die Mitarbeiter tun ihre Arbeit, der Kopf des Ganzen nimmt die Ergebnisse in Empfang. Häufig ist diese Strategie auf den großen Schauplätzen der Wirtschaft zu entdecken. Die kleinen Unternehmen strampeln sich ab im Kampf um die besten Plätze, und die Großen, im Vorteil durch stärkere finanzielle Mittel, nutzen dann die Ergebnisse der Kleinen und bauen sie gewinnbringend um. Frei nach dem Motto: „Wenn zwei sich streiten, freut sich der Dritte."

In einem eskalierenden Streit ist es tunlichst zu vermeiden, ebenfalls laut zu werden und sich dadurch zu verausgaben. Geschickter ist es, abzuwarten, bis sich der Gegner, sei es ein Geschäftskollege, der Partner oder das eigene Kind, ausgepowert hat und wieder zum ruhigen Gespräch bereit ist. Die Aggressivität ist nach einem Gefühlsausbruch deutlich niedriger und die Kompromissbereitschaft höher.

# 趁火打劫

*chen huo da jie*

*Einen Brand für eine Plünderung nutzen*

### ERLÄUTERUNG

Diese Strategie mutet sehr niederträchtig an, und doch wird sie im Kleinen wie im Großen angewendet. Wenn der Feind in Schwierigkeiten steckt, wenn seine Kräfte gebrochen sind und ihn anderweitige Probleme aus der Bahn werfen, ist der beste Moment für einen Angriff gekommen. Wenn also das Haus des Feindes in Flammen steht, wird er keine Macht zur Gegenwehr aufbringen können, er muss sich um Wesentlicheres kümmern. Auch das bewusste Legen kleiner Brandherde gehört zu dieser Kriegslist: Um das Haus des Feindes brennen zu sehen, müssen hier und da Schwächen aufgedeckt werden, die den Feind unaufmerksam und kleinmütig werden lassen und ihn letztlich ins Chaos stürzen. Die List rät also dazu, den Feind in seinen jämmerlichsten Momenten anzugreifen. Nicht abwarten, bis der Feind wieder auf Augenhöhe ist, sondern ihn klein halten und ihn in diesem Moment in die Knie zwingen.

### GESCHICHTE

Die Staaten Wu und Yue führten Krieg gegeneinander, und Yue verlor den Kampf. Sein Herrscher Gou Jian wurde gefangen genommen und vom gegnerischen Fürsten Fu Chai zum Stallburschen degradiert – eine unglaubliche Demütigung. Der Gepeinigte sann auf Rache, sobald ihm die Möglichkeit vor Augen läge. Als drei Jahre ins Land gegangen waren, durfte Gou Jian als Lehnsmann in sein Reich zurückkehren und es regieren, nicht jedoch, ohne reichlich Tribut an Wu zu zahlen.

Doch im Staat Wu hatte man nicht gedacht, dass sich Yue so schnell erholen würde. Gou Jian baute einen funktionierenden Staat auf und scharte schnell die besten Männer um sich. In dieser Zeit kam eine Dürre über Wu, die Bevölkerung litt unglaubliche Qualen, der Unmut im Land verstärkte sich. Fu Chai, voll des Hochmuts, lebte in Saus und Braus und ließ prächtige Paläste aus dem Boden stampfen. Gou Jian nahm dies alles sehr aufmerksam zur Kenntnis und unterstützte den Lebenswandel des gegnerischen Fürsten durch Schenkungen und Vergünstigungen, wo immer er nur konnte. Er versuchte also, den langsamen Verfall des gegnerischen Staates mitzusteuern. Die Menschen im Land wurden immer unzufriedener. Als Fu Chai mit seiner Armee das Land verließ, um im Norden ein Treffen wahrzunehmen, ließ Gou Jian sein Heer in Wu einmarschieren. Das geschwächte Volk ergab sich sofort. Das Gnadengesuch Fu Chais lehnte Gou Jian ab. So beging der ehemals siegreiche Fürst Selbstmord. Das „brennende" Reich Wu konnte geplündert und eingenommen werden.

### DIE WEISHEIT DAHINTER

Ein entscheidender Unterschied im Denken zwischen westlicher und östlicher Welt, zwischen europäischer und chinesischer Lebensphilosophie, ist die Sicht auf den Menschen. Während die westliche Philosophie fragt, *was* der Mensch ist, geht es in der chinesischen Sicht auf den Menschen darum, *wie* er zu dem wird, was er ist. Oder trivial überspitzt formuliert: Wie kann man Menschen formen? Wie kann man Menschen zu dem machen, was sie sein könnten?

Während westliches Denken auf das Sein setzt, geht es im chinesischen Denken um die zwischenmenschliche Beziehung. Dies hat in unserem Zusammenhang weitreichende Folgen. Westliches Denken kommt durch die Auseinandersetzung mit dem Wesen des Menschen zu einer moralischen Engführung. Danach wird eine Handlung oder ein Tatbestand schnell unter die Kategorien *Gut* versus *Böse* subsumiert, während östliches Denken eher von der Funktionalität geleitet ist. Erst nachdem ein Geschehen abgeschlossen ist, wenn sich das Ergebnis einer Handlung zeigt, lässt sich feststellen, ob das Geschehen nützlich war. Und wenn ja, wem genau die Tat, das Geschehen, die Entwicklung geholfen hat.

Dieses extrem utilitaristische Denken ist dem westlichen Menschen weitgehend fremd. Veränderungen sind für viele

Personen schmerzlich, zumal in so grundlegenden Fragen wie in der Moralvorstellung. „Einen Brand für eine Plünderung nutzen" ist für westliches Denken eine moralisch verwerfliche Haltung. Ist abendländisches Denken doch von Kants kategorischem Imperativ geprägt: „Handle so, dass die Maxime deines Willens jederzeit zugleich als Prinzip einer allgemeinen Gesetzgebung gelten könne."

Im Schutz einer Feuersbrunst plündern oder gar rauben, das darf nach westlichem Denken unmöglich zu einer allgemeinen Gesetzgebung werden.

Und doch birgt dieses pragmatische Stratagem, wiewohl es wie alle Listen und Tücken aus der Kunst der Kriegsführung hervorging, etwas Faszinierendes für den Alltag: Wenn es zum Beispiel darum geht, sich oder der Gruppe, der Partei oder der Firma, für die man handelt, einen entscheidenden Vorteil zu verschaffen. Ist doch ein entscheidender Sieg oftmals nur deshalb zu erringen, weil sich der Gegner gerade im Chaos befindet. Er hat alle Hände voll damit zu tun, sich und seine Leute vor dem Untergang zu retten. Und dann kommt der Gegner und raubt ihn aus in dieser Notsituation.

### DIE WEISHEIT ANWENDEN

Stratagem 5 wird in vielen Bereichen angewendet: Strafrechtliche Befragungen mit dem Ziel, ein Geständnis zu erlangen, arbeiten fast ausschließlich damit, den Gegner mürbe zu machen und dann den letzten Trumpf auszuspielen. Der Mut, sich zu verteidigen, lässt nach, wenn die körperlichen und seelischen Kräfte zur Neige gehen.

Wenn Firmen in einer großen Krise stecken, können Mitarbeiter abgeworben werden, kann Unmut in den inneren Reihen gesät, kann Chaos von außen gestiftet werden.

Im Privaten versteht sich diese List von selbst: Wenn der Partner in irgendeiner Form geschwächt ist, erreicht man sein Ziel schneller, als wenn er auf dem Gipfel seiner Kraft glänzt. Kann man dem Partner im Streit Fehler nachweisen, wird er im nächsten Punkt vielleicht eher nachgeben und nicht auf seinem Recht beharren.

Sicher darf man das Stratagem nicht allzu wörtlich nehmen. Der Fokus liegt eher darauf, den richtigen Zeitpunkt zu treffen.

Und der richtige Zeitpunkt ist in diesem Fall die Feuersbrunst, das Unglück des Gegners, die Katastrophe.

Bei so mancher Entwicklung in unserer Gesellschaft kann man sich des Eindrucks nicht erwehren, dass viele Wirtschaftsbosse dieses Strategem längst internalisiert haben. Denn wenn der Mitbewerber mit Problemen zu kämpfen hat, lässt er sich am leichtesten überholen.

Allerdings haben dann moralische Bedenken keinen Platz. Die Frage stellt sich eher, ob der Gegner bei den „Angriffen" vernichtet werden soll. Denn letztendlich sollte es nicht um die Auslöschung, sondern lediglich um den entscheidenden Vorteil gehen, den man sich während der „Feuersbrunst" verschafft. Was nützt ein vernichteter Gegner? Lädt sich der Sieger am Ende doch mehr Probleme auf, als er sich vom Halse geschafft hat? Über diese letzte Konsequenz des Strategems darf gern ein wenig weiter nachgedacht werden.

STRATEGEM 6

## *sheng dong ji xi*
## 声东击西

*Im Osten lärmen und im Westen angreifen*

ERLÄUTERUNG
Während man im Osten Aufruhr veranstaltet und die Fanfaren bläst, so rät die sechste Kriegstaktik, sollte man im Westen zum Angriff übergehen. Der Feind soll abgelenkt und im Glauben gelassen werden, die Vorbereitungen, die man im Osten erkennen kann, würden auch zum Kampf führen. Die Pläne des Gegners werden durchkreuzt, die eigene Taktik im Geheimen verfolgt. Der Gegner wird seine Kräfte auf der angetäuschten Seite, also im „Osten", sammeln und im „Westen" ungeschützt sein: eine leichte Beute für den taktisch klugen Angreifer!

Natürlich besteht die größte Gefahr dieser Strategie darin, dass der Feind sie durchschaut und das Spiel auf seine Weise mitgestaltet. Das darf nicht passieren, also müssen im Vorfeld alle Kräfte darauf ausgerichtet werden, die Pläne geheim zu halten und Spionen keinen Anhaltspunkt zu liefern.

Das Strategem verlangt höchste Aufmerksamkeit vom Angreifer: Wie reagiert der Feind? Hat dieser die List durchschaut, muss der Eindringling umdenken und erneut unerwartet reagieren.

Strategem 6 ist eine der komplizierteren Strategien, da sie den meisten bekannt ist und ein durchaus probates Mittel der Kriegsführung darstellt. So kann es leicht zu einem von beiden Seiten vermeintlich „geschickten" Hin und Her kommen. Die List rät also zu einem Verhalten, das etwas anderes vorgibt, als es dann tatsächlich zeigt. Der Angreifer tut so, als beabsichtige er zu kämpfen, und bleibt friedlich, er greift an, um sich dann sofort wieder aus der Schusslinie zu entfernen, er flieht, um umgehend zuzuschlagen etc. Der Gegner muss verwirrt werden, das ist der entscheidende Schachzug. Die Verwirrung, das Verschleiern, das Vorschützen falscher Tatsachen gehört zum Arsenal taktischen Verhaltens, das nahezu jedem Menschen geläufig ist. Gewinnen wird letztendlich nur derjenige, dem es gelingt, seinen Gegner schneller und besser zu durchschauen als der andere.

## GESCHICHTE

Chinas Geschichte zeigt reichlich Beispiele dieser List: Zhu Jun belagerte gegen Ende der Han-Zeit mit seinen Soldaten die Stadt Yuan, in der sich Rebellen verbarrikadiert hatten. „Die gelben Turbane" waren heimatlose Bauern und Mitglieder eines Bauernaufstands. Nun ließ der schlaue Zhu Jun vor den Toren der Stadt einen Hügel aus Erde aufbauen, um die Stadt und seine Geschicke im Blick zu haben. Als er es an der Zeit fand, einzuschreiten, ließ er im Westen der Stadt Trommelwirbel und Kriegssignale ertönen. Seine eigentlichen Pläne waren aber, im Osten die Stadt anzugreifen. Und es geschah wie geplant: Die Aufständischen hasteten gen Westen, und Zhu Jun konnte im Osten ungehindert in die Stadt eindringen.

Die zweite Geschichte zeigt, dass die Tücke auch gegen den Angreifer angewendet werden kann: 154 v. Chr. kam es im Reich der Mitte zur Rebellion, bei der sich sieben Staaten gegen den Kaiser stellten. Liu Bei, Regent von Wu, ließ sein Heer gegen die Hauptstadt des Reiches aufmarschieren. General Zhou Yafu wurde vom Kaiser beauftragt, eben diese Meuterei zu beenden. Als im Südosten das Kampfgeschrei ertönte, ließ Zhou Yafu gegen alle Erwartungen im Nordwesten aufrüsten und schickte nur zum Schein einige Soldaten in das scheinbare Kampfgebiet. Und er behielt Recht: Die Truppen der aufständischen Fürsten versammelten sich tatsächlich im Nordwesten. Das Heer Zhou Yafus ließ einen Regen an Pfeilen auf die Gegner herabschmettern, der die Feinde völlig überraschte und vernichtete. Die Fürsten, die die Rebellion angezettelt hatten, kamen allesamt zu Fall. Der Aufstand wurde erfolgreich unterdrückt.

DIE WEISHEIT DAHINTER
Bei diesem Strategem ist östliches nicht so weit vom westlichen Denken entfernt, wie dies bei den meisten Strategemen der Fall zu sein scheint. Die Täuschung wird in der westlichen Ethik weniger scharf verurteilt als zum Beispiel die vorsätzliche Schädigung des Gegners oder das zum eigenen Vorteil ausgeschlachtete Wissen anderer. Auch in der biblischen Tradition gibt es die Täuschung, wie uns das Beispiel der Brüder Jakob und Esau zeigt. In dieser biblischen Erzählung verschafft sich Jakob durch eine vorsätzliche Täuschung des blinden Vaters den Vorteil des Erstgeborenen, der eigentlich seinem Bruder Esau zugestanden hätte. In der Kunst der Kriegsführung ist das Doppelspiel die Voraussetzung für jeden Erfolg. Ohne Täuschung würde gar nichts passieren. Etymologisch ist die Täuschung dem Betrug verwandt, hergeleitet von *tusch*, dem Tausch, mit dem Gaukler bei ihren Kunststücken Gegenstände vertauscht haben.

An diesen Beispielen zeigt sich die Ambiguität westlicher Ethik, während die östliche Pragmatik unverstellt, geradlinig das Strategem als Zeichen höchster symbolhafter Kriegskunst versteht.

Es ist wie ein Spiel mit offenem Ausgang: Jeder versucht den anderen zu täuschen, ihm ein Schnippchen zu schlagen. Die wichtigste Voraussetzung für den Erfolg dieses Strategems ist die Schlagfertigkeit, die Reaktionsgeschwindigkeit. Steht dies der bedächtigen Planung einer Handlung nicht entgegen?, so fragt man sich. Nein, denn bei diesem Symbol für strategisches Handeln ist beides gefordert: Kluge, kühl-distanzierte Planung sowie schnelles Reagieren auf die Aktion des Gegners. Und dennoch darf die schnelle Reaktion nicht hitzig sein, sie darf nicht ins Chaos führen, sondern muss geordnet bleiben. Auch wenn es vordergründig den Anschein haben mag, als revidiere der zunächst kühl operierende Angreifer seine Strategie, in Wahrheit aber verfolgt er beim Hakenschlagen, also beim Richtungswechsel, exakt seinen eiskalt ersonnenen Plan. Wie aber kann der Angreifer in so einer Situation einen kühlen Kopf bewahren? Wohl nur durch angemessene Distanz zum gesamten Geschehen. Hier haben Gefühle für den Gegner keinen Platz. Nur wem dies gelingt, der trägt letztendlich den Sieg davon.

### DIE WEISHEIT ANWENDEN

In vielen Lebensbereichen findet das sechste Strategem Anwendung. Im Ballsport gehört das so genannte „Antäuschen" zur klassischen Spieltaktik: rechts antäuschen, links schießen bzw. werfen. Auch manche Firmenpolitik operiert mit einem vermeintlich neuen Schachzug, um die Aufmerksamkeit und die Kräfte des Gegners auf den hingeworfenen Köder zu lenken. Tatsächlich werden aber parallel dazu die wirklich wichtigen Dinge geplant, die vor der Konkurrenz geheim gehalten werden sollen. Erst wenn der Gegner auf das Täuschungsmanöver hereingefallen ist und seine Kräfte aufgebraucht sind, kommt der Angreifer mit der Wahrheit – zum Beispiel dem neuen Produkt – ans Licht.

Auch in der Polizeiarbeit gehören Ablenkungsmanöver zum täglichen Brot: Um den tatsächlich Verdächtigen in Sicherheit zu wiegen und ihn aus der Reserve zu locken, werden strategische Schritte ausgeführt, Gefangennahmen vorgespielt und Szenen zum Schein aufgebaut. Schauspielerische Höchstleistungen sind bei jedem der genannten Beispiele Bedingung, um zum Erfolg zu kommen.

Strategem 6 wird in unserer Gesellschaft häufig angewendet, zum Beispiel, um bestimmte Dinge zu verbergen und sie aus der öffentlichen Diskussion herauszuhalten. Man denke nur an die Informationspolitik der Medien. Hier wird der Blick oft auf

Nebenschauplätze gelenkt, um aus irgendwelchen sozialen, politischen oder ideologischen Gründen von den wahren Problemen abzulenken. Man darf das Manipulation nennen.

STRATEGEM 7

# 无中生有

## *wu zhong sheng you*

*Etwas aus einem Nichts erzeugen*

### ERLÄUTERUNG

Es handelt sich bei diesem Strategem nicht um den bloßen Ratschlag zu lügen oder Dinge zu erfinden, die es gar nicht gibt. Dennoch weist Strategem 7 auf die Macht der Täuschung und Illusion hin. Eine Illusion, die gut vorbereitet und bis ins Mark hinein durchdacht ist, kann eine gewaltige Lawine ins Rollen bringen. Eine unwahre Information, ein geschickt eingesetztes Gerücht kann Menschen zu Fall bringen und die gesamte Anhängerschaft auf Abwege treiben, lange bevor die Wahrheit ans Licht kommt.

Ein weiterer Aspekt des Strategems ist der dem Lügner anhaftende Impetus, stets und immer wieder die Unwahrheit zu sagen: „ Wer einmal lügt, dem glaubt man nicht, auch wenn er dann die Wahrheit spricht." Um den Feind zu täuschen und in Verwirrung zu stürzen, bietet es sich an, mehrmals Angriffe vorzutäuschen, Stärke zu zeigen und Macht zu demonstrieren, die dann vor den Augen des Feindes wie ein Kartenhaus in sich zusammenstürzt. Der Gegner wird den Angreifer für einen Aufschneider halten, für einen Hochstapler, der nichts zu bieten hat. Hat man den Gegner eine Zeit lang in dieser Einschätzung bestärkt, kann man die nächste *Lüge* offenbaren, die sich allerdings dann als bittere Wahrheit entpuppt. Der Feind kann jetzt in einem überraschenden Moment geschlagen werden.

Wie bei allen strategischen Handlungen muss auch hier der Gegner im Vorfeld intensiv beobachtet werden. Ein sehr umsichtiger und ängstlicher Widersacher wird die Taktik eventuell durchschauen und sich genau absichern.

Die Lüge ist das „goldene Schwert" unter den Strategemen: Was ein Mensch hören will, findet schnell einen Platz in seinem Herzen, ob es nun der Wahrheit entspricht oder nicht. Komplimente beispielsweise erreichen in der Regel ihr Ziel, auch wenn der „Beschenkte" genau weiß, dass sie nicht der Wahrheit entsprechen müssen.

### GESCHICHTE

Die Historie Chinas ist reich an „Täuschungen": Cao Cao, chinesischer General während der Hang-Dynastie, soll einmal seine hungernden und durstigen Soldaten durch die Wüste geführt haben. Als er die Gefahr der Meuterei ahnte, spielte er folgende Szene vor: Er ritt voraus und erreichte den Gipfel eines kleinen Berges. Mit glücklichem Gesicht berichtete er seinen Männern von einem erquicklichen Pflaumengarten, den er in der Ferne erspäht habe. Die Soldaten glaubten ihrem Heerführer und stapften mutig weiter. Cao Cao hatte sein Ziel erreicht: Die Soldaten dienten ihm weiterhin ohne Widerworte.

Eine weitere Erzählung eröffnet folgende Taten: Der dem Kaiser zugetane General Zhang Xun musste einst die Stadt Yongqiu gegen einen Putschversuch verteidigen, war aber mit seinen Mannen in der Unterzahl. Auch die Munition und die Pfeile wurden immer weniger, und es gab keinen Nachschub. 40 000 feindliche Soldaten standen vor den Toren Yongqius, bestens bewaffnet und kampfbereit. Was tun? Zhang Xun blieb nur eine List: Er befahl, eine ganze Reihe Puppen herzustellen, die ein Holzschwert trugen. Diese ließ er bei Nacht und Nebel an der Stadtmauer hinunter, um einen Angriff vorzutäuschen. Die Gegner beschossen die Puppen mit ihrer ganzen Munition. Zhang Xun sammelte die Pfeile auf und war nun wieder bestens bewaffnet. In einer der folgenden Nächte wurden wiederum Puppen an Seilen hinabgelassen, der abgestumpfte Gegner reagierte jedoch nicht mehr darauf. Am dritten Tage ließ Zhang Xun dann 500 Soldaten hinab. Der Gegner, sich seiner Sache sicher, reagierte erneut nicht und blieb mit seinem Heer im

Lager. Nun hatten die Soldaten ein leichtes Spiel, die Feinde zu vernichten. Zhang Xun hatte aus dem scheinbaren Nichts einen stolzen Sieg errungen.

### DIE WEISHEIT DAHINTER

Nach der traditionellen chinesischen Militärlehre ist es unabdingbar, den Zusammenhang von Raum, Zeit, geografischer Lage und die beteiligten Machtverhältnisse zu erkennen, zu verstehen und daraus das konkrete Vorgehen zu entwickeln. So lässt sich aus dem Nichts etwas erschaffen. Aus dem Nichts – das nach philosophischer Auffassung nur vom Seienden aus gedacht werden kann – etwas schaffen, hat auch Entsprechungen vor allem in der jüdisch-christlichen Religion: „Bedenke, dass Gott diese Dinge aus dem Nichts erschaffen hat" (2 Makkabäer 7,28b). In Marc Aurels Selbstbetrachtungen IV liest man: „Denn von nichts kommt nichts, so wenig als etwas in das Nichts übergeht." Auch den Philosophenkaiser trieb das Nichts scheinbar um, wenngleich er auch keine Verwendung dafür finden konnte – oder existierte es nicht für ihn? Das Nichts als ungreifbare *Masse*?

Das Wort „Aus dem Nichts etwas schaffen" hat in unserer Alltagssprache einen festen Platz und wird im übertragenen Sinn verstanden. Meist wird es verwendet, um die Leistung einer Unternehmerpersönlichkeit herauszustellen und zu würdigen: Er hat die Firma aus dem Nichts geschaffen.

Der Schein trügt. Worauf kann man sich letztendlich noch verlassen, wenn alles, was man zu sehen glaubt, nur Lug und Trug ist? Und wie steht es mit mir selbst? Ist alles richtig, was ich wahrzunehmen glaube? Sind die Verhältnisse so, wie sie sich mir darbieten? Wenn sie aber nicht so sind, wie sind sie dann? Die konsequente Anwendung des siebten Strategems lässt nicht zu, sich selbst in Frage zu stellen. Man muss sich auf die eigene Beobachtung verlassen, sonst können keine Schlussfolgerungen daraus gezogen werden, die nun schließlich zum Erfolg führen sollen.

Es ist, wie bereits angedeutet, eine sehr genaue und rational klug durchdachte Vorgehensweise notwendig, die das Beobachten und das exakte Analysieren des Gegners voraussetzt.

Dann gelingt, was die Anwendung des Strategems letztendlich intendiert: Aus dem Nichts den Sieg erringen.

### DIE WEISHEIT ANWENDEN

Wie viele Chefs ködern ihre Mitarbeiter mit Worten wie „Du bist mein bester Mann" oder „Ohne Sie liefe hier gar nichts!" Diese Sprüche machen weich und angreifbar. Versprochene Prämien motivieren Mitarbeiter, egal, ob das Ziel auch nur im Entferntesten erreichbar ist oder nicht.

Kindern kann man in einem gewissen Alter alles erzählen, um sie zu etwas zu bringen. Sie durchschauen die Tragweite der Lüge noch nicht, ihnen fehlen der Erfahrungsschatz und die nötige Vorsicht.

Propaganda arbeitet mit bewusst eingesetzten Lügen, die den Zuhörern Wunder versprechen. Je mehr Menschen die Lügen erreichen, je mehr darüber gesprochen wird, desto schneller weichen die Zweifel daran. Wenn es alle sagen, muss doch auch was dran sein!

In der vom Internet bereitgestellten Nebenwelt wird das Symbol „Aus dem Nichts etwas schaffen" zur tragischen Realität: Menschen entwickeln eine virtuelle Welt nach ihren Wünschen. Im Netz interagieren, spielen, kommunizieren und treiben Menschen Handel. Dieses *Nebenleben* hat mit der Realität nichts zu tun.

Mitunter wird in unserem Alltagsdenken das symbolische „Aus dem Nichts etwas schaffen" mit Kreativität und künstlerischem Schaffen in Verbindung gebracht. Bei genauer Betrachtung aber schöpft Kunst aus der Beobachtung, dem Unbewussten, der theoretischen Reflexion und Planung, ganz ähnlich wie es Strategem 7 in seiner ursprünglichen Bedeutung intendiert.

# 暗渡陈仓

*an du Chen Cang*

*Heimlich nach Chencang vorrücken*

## ERLÄUTERUNG

Dieses Strategem besteht eigentlich aus zwei Taktiken, nämlich einer offensichtlichen und durchschaubaren Variante, die dem Gegner ins Auge fällt, und einer List, die sich parallel dazu im Verborgenen entwickelt. Der Feind soll also durch einen völlig normalen, unspektakulären Plan in Sicherheit gewogen werden, während hinterrücks die tatsächlichen Kriegspläne geschmiedet werden. Allerdings muss bei diesem Strategem auf beiden Flanken gekämpft werden, denn es geht darum, den Gegner auch auf der durchschaubaren Seite zu beanspruchen. Erkennt der Feind zu früh die Finte, könnte die List im Verborgenen sofort auffliegen. Wenn man also ein Ziel verfolgt, das zunächst auf großen Widerstand stößt, gibt man tunlichst vor, den normalen, unspektakulären „Dienstweg" zu gehen, während man tatsächlich im Geheimen zur Revolution aufruft.

Lieber sucht man sich also tatsächlich einen komplizierten Umweg, bevor man den sicheren Weg verfolgt, den einem der Gegner mühelos abschneiden könnte. Natürlich gibt man vor, den sicheren Weg zu gehen, um dem Gegner den nahen Sieg vorzuspiegeln. Das wird ihn von jedem Gedanken an einen Hinterhalt ablenken.

## GESCHICHTE

Eine Begebenheit aus dem Reich der Mitte muss hier besondere Erwähnung finden, gibt sie doch dem Strategem seine Bedeutung: „Die Holzstege sichtbar reparieren, um unerkannt nach Chencang zu marschieren". Gegen Ende der Qin-Zeit herrschten im ganzen Land Aufstände gegen das Kaiserreich. Liu Bang und Xiang Yu führten jeweils die Rebellen gegen den Monarchen. Sie hatten eine Abmachung getroffen: Wer zuerst die Hauptstadt erreichen und sie unterwerfen würde, dürfte sich dort als Herrscher niederlassen. So gelang es also Liu Bang, die Stadt einzunehmen. Xiang Yu war außer sich vor Zorn und griff gegen alle Abmachungen die Stadt an. Er siegte und unterwarf Liu Bang. Zynisch übergab er dem Gegner einen unwirtlichen Landstrich, über den er herrschen konnte: Hanzhong. Zudem ließ er ihn von den umliegenden Provinzen bewachen. Auf dem Weg nach Hanzhong, das zwischen tiefen Schluchten lag, ließ Liu Bang hinter sich alle Holzbrücken abreißen. Somit gab er Xiang Yu zu verstehen, dass er keine weiteren Kämpfe mit ihm anstrebte.

Jahre vergingen, bis Liu Bang schließlich zum Gegenschlag ausholte. Er ließ von einer kleineren Truppe die ehemals zerstörten Brücken instand setzen und gab Xing Yu damit das Gefühl des drohenden Angriffs. Die Bauarbeiten würden Monate dauern, dessen war sich Xiang Yu sicher. Dennoch ließ er seine Soldaten an den Brücken aufmarschieren. Liu Bang und sein General Han Xing hatten aber längst einen weiteren vernichtenden Plan gefasst: Während die kleineren Truppen mit der Reparatur an den Holzbrücken die Aufmerksamkeit des Widersachers auf sich zogen, war die gesamte Armee bereits auf einem Umweg nach Chencang. Sie mussten lediglich kleinere Kämpfe mit den Anrainerstaaten durchstehen, dann standen sie vor dem unbewachten Chencang. Strategem 8 war aufgegangen.

### DIE WEISHEIT DAHINTER

Während nach westlichen Vorstellungen die ehrliche und aufrichtige Selbstdarstellung einen hohen Wert darstellt, ist dies nach traditioneller chinesischer Meinung Zeichen von Unreife. Ist man sich doch darüber im Klaren, dass es große Diskrepanzen zwischen öffentlicher und privater Meinung gibt. Jedem ist doch von vornherein klar, dass die offiziell vertretene Darstellung eines Sachverhalts in keiner Weise der objektiven Wahrheit entspricht. Obgleich dem westlichen Menschen diese Zusammenhänge durchaus eingängig sind, wird immer noch sehr viel Energie für die Aufklärung desselben verwendet und damit letztendlich viel Kraft und Zeit vergeudet. Und genau in diesem Aspekt ist das östliche Denken dem westlichen weit voraus.

In der Eristischen Dialektik postuliert Arthur Schopenhauer in seinem 18. Kunstgriff: „Merken wir, dass der Gegner eine Argumentation ergriffen hat, mit der er uns schlagen wird, so müssen wir es nicht dahin kommen lassen, ihn solche nicht zu Ende führen lassen, sondern beizeiten den Gang der Disputation unterbrechen, abspringen oder ablenken und auf andere Sätze führen: kurz eine mutatio controversiae (sinngemäß: eine Veränderung des Streitpunktes) zu Wege bringen." Die Zielrichtung ist der des Strategems ganz ähnlich, allerdings braucht listiges Denken einen langen Atem und ist von langer Hand geplant.

Worin unterscheidet sich Strategem 8 von den anderen Täuschungs-Strategemen? Wenn der Schwerpunkt von Strategem 6 (Im Osten lärmen und im Westen angreifen) darin liegt, dem Gegner vorzugaukeln, ihn an einer bestimmten Stelle anzugreifen, so geht es in Strategem 8 vor allem darum, die eine Handlung in aller Öffentlichkeit auszubreiten – ähnlich Strategem 1 – und eine andere in aller Heimlichkeit zu planen, also gleichzeitig direkt und indirekt zu operieren. Und darin besteht die eigentliche Kunst des achten Strategems.

Man nennt das achte Strategem auch „die List der verschleierten Marschrichtung". Das „Trojanische Pferd" ist das wohl bekannteste Beispiel dieser Taktik. Die Trojaner sollten in dem Glauben gelassen werden, das griechische Heer hätte zum Rückzug geblasen. Dies war völlig offensichtlich, denn die griechischen Soldaten waren wie vom Erdboden verschluckt. So stellte auch das hölzerne Pferd keine wirkliche Bedrohung dar. Und genau das war der entscheidende Schachzug: Die Griechen hatten den Schein erzeugt, aufgegeben zu haben, und traten jetzt in völlig unerwarteter Form mit ganzer Gewalt in Erscheinung. So kam es letztlich zum Sieg über Troja.

### DIE WEISHEIT ANWENDEN

Es gibt zahlreiche Bezugsfelder, in denen uns die praktische Umsetzung des Strategems begegnet: Nicht nur im wirtschaftlichen Konkurrenzkampf multinationaler Konzerne. Strategem 8 wird auch von kleinen Unternehmen angewendet, wenn es gilt, sich gegenüber dem Wettbewerber einen Vorteil zu verschaffen.

In der Politik ist das gezielte Ablenkungsmanöver mittlerweile ein von der Öffentlichkeit akzeptiertes Agieren. Es entsteht sogar der Eindruck, als habe die Öffentlichkeit gar kein Interesse, die eigentlich wichtigen Operationen der Politik zu erfahren. Es reicht völlig aus, sich auf Nebenschauplätze zu konzentrieren.

Oft kommt das Stratagem in repressiven Staaten zur Anwendung, wenn Menschen sich gegen ihre Unterdrücker nur wehren können, indem sie zum Schein gegen unbedeutende Vorgänge protestieren und den eigentlichen Schlag gegen die Peiniger längst im Geheimen vorbereiten. Bedeutsam für die Anwendung ist daher die konsequente Konzentration auf das Hauptziel, ohne das Ablenkungsmanöver zu vernachlässigen, was zweifellos enorme Kraft und Energie kostet.

STRATEGEM 9

# 隔岸观火

*ge an guan huo*

*Die Feuer am anderen Flussufer beobachten*

ERLÄUTERUNG

Die neunte List rät dazu, die Zerstörung des feindlichen Lagers dem Feind selbst zu überlassen: abwarten und genaue Beobachtungen vornehmen, anstatt anzugreifen und sich selbst in Gefahr zu begeben. Die Taktik mahnt also zur Geduld. Wenn eine Belagerung lange andauert, die Lebensmittel knapp und die feindlichen Heere ungeduldig werden, kann es leicht in ihren Reihen zu Auseinandersetzungen kommen. Innere Unruhe beim Gegner wird zum Vorteil für den Angreifer, denn der schwelende Brand im feindlichen Lager kann auch zu einer alles zerstörenden Feuersbrunst werden.

Die List lehrt, bestimmte Entwicklungen sich selbst zu überlassen. Vieles erledigt sich von allein, manches benötigt keinerlei Anstoß von außen. Diese Taktik gelingt natürlich nur, wenn im feindlichen Lager Uneinigkeit und Aufruhr herrschen. So muss diese Uneinigkeit im Zweifelsfall provoziert und gezielt gefördert werden: Das Ausstreuen von Gerüchten ist unter anderem ein sicheres Mittel, Zwietracht zu säen.

Ist das Feuer dann heruntergebrannt und sind die Kräfte des Gegners aufgezehrt, kann der geduldige Angreifer seine Absichten in Ruhe verfolgen.

GESCHICHTE

Die Traditionsgeschichte überliefert folgende Begebenheit: Cao Cao, der hinterlistige Kriegsführer, siegte einst mithilfe des beschriebenen Strategems über die beiden Söhne seines einstigen Widersachers Yuan Shao. Die beiden Söhne Yuan Shang und Yuan Xi wussten in ihrer Angst vor Cao Cao nichts anderes zu tun, als Gongsun Kang, einen Nomadenhäuptling und Erzfeind Cao Caos, um Hilfe zu bitten. Gongsun Kang aber misstraute ihnen, denn ihr Vater hatte ihn mehrmals bekämpft. Aber er fürchtete auch Cao Cao, der berühmt war für seine hinterlistigen Angriffe und seine Brutalität. Da Cao Cao nichts tat, um die beiden Brüder anzugreifen, vermutete Gongsun Kang eine Verschwörung zwischen Cao Cao und den beiden Brüdern. Er ließ die Geschwister also zum Gespräch bitten und in einem überraschenden Moment köpfen. Dann überbrachte er Cao Cao die beiden Häupter. Dieser lachte sich ins Fäustchen, hatte er doch ohne Zutun seine stärksten Widersacher verloren und einen Sieg errungen. Er hatte geduldig abgewartet, bis sich das Problem ganz von selbst erledigt hatte.

DIE WEISHEIT DAHINTER

Zum neunten Strategem gibt es auf den ersten Blick in der Kultur des Abendlandes zahlreiche Entsprechungen, wie eine ganze Reihe Sprichwörter und Redensarten belegt: „Abwarten und Tee trinken"; „Etwas aussitzen", was etymologisch vom Reiten abgeleitet wird: Fest im Sattel sitzen bleiben, wenn es durch schwere Geländepassagen geht. „Durch Passivität geduldig das Ende eines Konflikts abwarten können"; „Tatenlos zusehen"; „Wenn zwei sich streiten, freut sich der Dritte" etc. Bei diesen vermeintlichen Entsprechungen geht es aber tatsächlich um eine nahezu völlige Passivität bis hin zur Lethargie.

Nur ja nichts unternehmen, irgendwann erledigen sich die Probleme von allein. Diese Art der Passivität ist aber mit diesem Stratagem nicht gemeint. Vielmehr ist die erwünschte Ruhe als eine Art Gelassenheit zu verstehen, die vom Wissen um die eigene Kraft getragen ist.

Bei Marie von Ebner-Eschenbach heißt es: „Nicht jene, die streiten, sind zu fürchten, sondern jene, die ausweichen." Dieses Wort entspricht dem Sinn des neunten Stratagems.

Im östlichen Denken ist dieses Abwarten in höchstem Grade aktiv. Es geht nicht nur um ein Beobachten, sondern um ein Abwarten von oben herab. Von einem erhöhten Punkt aus beobachtet der Stratege, wie sich die gegnerische Partei im wahrsten Sinn des Wortes zerfleischt, um dann genau zum richtigen Zeitpunkt zur Stelle zu sein und sich die Früchte der Zerstörung einzuverleiben.

Das ist Kriegskunst in der Vollendung. So hat etwa Sun Tsu, einer der großen Kriegsstrategen, bereits um 500 v. Chr. gesagt: „Wenn du dich und den Feind kennst, brauchst du den Ausgang von hundert Schlachten nicht zu fürchten. Wenn du dich selbst kennst, doch nicht den Feind, wirst du für jeden Sieg, den du erringst, eine Niederlage erleiden. Wenn du weder den Feind noch dich selbst kennst, wirst du in jeder Schlacht unterliegen."

### DIE WEISHEIT ANWENDEN

Kunstgriff 9 lässt sich in nahezu jedem Milieu anwenden. Entscheidend bei der Anwendung dieses Stratagems ist das Ziel, das damit erreicht werden soll. Es ist eben nicht damit getan, die Gegner einfach aufeinander zu hetzen und abzuwarten, bis diese sich vernichtet haben. Beispielhaft hierfür war die kriegstreibende Politik der westlichen Staaten in den 80er Jahren des letzten Jahrhunderts gegenüber Iran und Irak. Die beiden Staaten wurden aufeinander losgelassen mit dem Ziel des Westens, sich die Ölfelder beider Staaten einverleiben zu können. Diese Strategie stieß – wenngleich es einige Zeit dauerte – ins Leere, weil Irak und Iran selbst mit neuen Kriegsabsichten aktiv wurden. Dadurch konnte das Stratagem hier nicht wirken.

Doch abgesehen von den großen politischen Konfliktherden findet dieses Strategem Anwendung im familiären Bereich, am Arbeitsplatz, in der Schule oder auch in der Freizeit. Im Kollegenkreis kann der, der abwartet und genau beobachtet oder recherchiert, häufig den Sieg davontragen, während die Streithähne vor lauter innerer Kämpfe das Ziel verfehlen.

In Familien ergibt sich die Anwendung der List ganz von selbst. Zwei Kinder, die sich streiten, wenden sich automatisch vom Zielobjekt ab, der Dritte wird ein leichtes Spiel haben. Moralisch bedenklich ist die Ausnutzung der Lage des anderen: Wenn die Mutter dem Kind einen Wunsch versagt, ist es gleichsam einfach, als Vater dem Wunsch nachzugeben und gleich noch eine Bedingung dranzuhängen: „Wenn du mir beim Aufräumen hilfst, kannst du eventuell doch deine Lieblingssendung ansehen!" Was diese pädagogisch fragwürdige Taktik für Spätfolgen hat, will an dieser Stelle dahingestellt bleiben.

Konfliktforscher haben dabei drei Kategorien der Konfliktbeteiligten ausgemacht: Den aktiven Arbeiter, der in jeder Situation zur Stelle ist und kräftig mitmischt, den selbstlosen Helfer, der von eigenen Interessen bewusst oder unbewusst absieht und das Wohl des sozialen Gefüges im Auge hat, und schließlich den faulen Trittbrettfahrer, der sich aus allem heraushält und immer dann zur Stelle ist, wenn der Konflikt zum Schaden der anderen gelöst ist.

Bei der Anwendung dieses symbolischen Taktierens ist es für die passive Partei von alles entscheidender Bedeutung, sich nicht nur aus dem Konflikt herauszuhalten, sondern – wie es das Strategem lehrt – von oben aktiv den Verlauf zu beobachten, ohne zu früh einzugreifen und ohne die eigenen Intentionen zu erkennen zu geben. Das ist in kleinen sozialen Gruppierungen deswegen besonders schwierig, weil sich die Beteiligten oft sehr gut kennen und ihre Ziele schlecht verbergen können.

# 笑里藏刀
## *xiao li cang dao*

*Hinter dem Lächeln einen Dolch verbergen*

### ERLÄUTERUNG

Das Strategem rät dazu, den Gegner gut zu behandeln, ihm freundlich entgegenzutreten und ihn auf diese Weise zu verwirren. Der Feind soll sich seiner Sache sicher sein, er soll Vertrauen in die vermeintlich ehrlichen Absichten des Gegners setzen und ihm deswegen Tür und Tor öffnen. Der neue Verbündete gewährt Einblicke ins Innerste, er bespricht Geheimnisse und kommt sogar in der Not zur Hilfe. Die positive Einstellung des Gegners wird ausgenutzt, um die eigenen „hinter"-listigen Pläne zu verwirklichen.

Der Angreifer zeigt also zwei Gesichter: das eine, um scheinbar Freundschaft anzubieten, und das andere, um im richtigen Moment den Dolch hervorzuholen und zuzustechen. Strategem 10 empfiehlt, Schlechtes vor dem Feind in Gutes umzumünzen und aus Schwierigem Leichtes zu machen. Den wahren Gehalt, sprich den Kern der Sachlage, durchschaut der Gegner in der Regel zu spät, um noch etwas dagegen unternehmen zu können. Die Kenntnis des Strategems schützt aber auch vor der List selbst. Es ist ratsam, vorsichtig zu sein, wenn in unerwarteten Momenten Feindschaft in Freundlichkeit umschlägt, der Rückzug angekündigt wird oder Bündnisse geschlossen werden sollen.

### GESCHICHTE

Die chinesische Geschichte berichtet von einer gefährlichen Heirat: Herzog Wu von Zheng wollte sich das Fürstentum Hu aneignen, wusste aber nicht, wie er dies anstellen sollte. Eine rein militärische Aktion kam seiner Unterlegenheit wegen nicht in Frage. Also musste eine List angewendet werden: Er bot dem verfeindeten Fürsten seine Tochter zur Ehefrau. So konnte er den Gegner besänftigen und in Sicherheit wiegen. Um den

Fürsten noch mehr einzulullen, ließ er einen seiner Minister töten, als dieser sich im Gespräch negativ über das Fürstentum
Hu äußerte und es als den größten Feind bezeichnete. Als sich
die Kunde über diese Taten im Fürstentum verbreitete, waren
alle Zweifel an der Aufrichtigkeit des Herzogs ausgeräumt. In
seiner vermeintlichen Sicherheit und Vertrautheit hatte der
Fürst alle Vorsicht fahren lassen. Der Herzog von Zheng griff
das Fürstentum trotz der Blutsbande an und unterwarf es.

### Die Weisheit dahinter
Seine wirklichen Gedanken hinter einem Lächeln zu verbergen ist eine besonders perfide Strategie, da das Gesicht und damit auch der Gesichtsausdruck im chinesischen Menschenbild
eine zentrale Bedeutung haben. Aber auch die deutschen
Bezeichnungen „sein Gesicht wahren" oder „das Gesicht verlieren" korrelieren mit der östlichen Auffassung von Ansehen,
Charakter, Fähigkeit, Einfluss und Kompetenz. Insofern ist mit
der Bezeichnung, „das Gesicht verlieren" gleichzeitig ein sozialer Kompetenzverlust mit ausgesagt. Etymologisch ist der
Begriff *Gesicht* mit Sehen, mit dem Anblick, aber auch mit dem
„Traumgesicht", also dem, was im Traum geschieht, verwandt.
    Symbolisches Taktieren mit einem Honiglächeln und Galle
im Bauch ist in nahezu allen Kulturen bekannt. Selbst in einem
Sprichwort wie „Mit dem Hut in der Hand kommt man durch
das ganze Land" finden sich noch Spuren nicht ganz ehrlich
gemeinter Höflichkeit.

Judas hinterging seinen Herrn mit einem Liebesbeweis:
„Judas, mit einem Kuss verrätst du den Sohn der Menschen?"
(Lukas 22,48). Das biblische Wort ist damit zu einer Metapher
geworden, die die hinterhältige Freundlichkeit besonders drastisch beschreibt. Einen anderen küssen, ihm aktiv zeigen, dass
und wie sehr man ihn liebt oder verehrt, ihn mit diesem Zeichen
aber gleichzeitig ans Messer liefern kann an Hinterhältigkeit
fast nicht überboten werden.
    Der Römer Brutus war an den Iden des März, 44 vor Christus,
an der Ermordung Cäsars, seines großen Förderers und gewissermaßen Ziehvaters beteiligt. Der hatte ihm seit langer Zeit
größtes Vertrauen entgegengebracht, ihm sogar nach einer Ent-

täuschung verziehen und ihn wieder in den engsten Kreis der Vertrauten aufgenommen. „Etiam tu, mi fili (Auch du, mein Sohn)?", fragte der sterbende und von seinem Vertrauten aufs Schlimmste getäuschte Imperator.

Die beiden Beispiele zeigen, dass es sich nicht nur um eine jeweilige Laune der Verräter handelte, sondern dass sie ihren Verrat, ihre Tat, von langer Hand vorbereitet hatten. Und in der gesamten Zeit der verruchten Planung ihrer Untat verbargen sie mit großer Energie ihr wahres Gesicht.

### DIE WEISHEIT ANWENDEN

Die zehnte List scheint ein probater Weg im menschlichen Zusammenleben zu sein, Beispiele dafür gibt es viele. Ständige Vorsicht ist geboten.

Immer lächelnde Menschen können durchaus gefährlich werden, denn sie fördern die Offenheit und Vertraulichkeit vielleicht, um sie letztlich auszunutzen. Plötzlich auftretende Freundschaft, die noch vor Momenten undenkbar gewesen wäre, muss die Warnleuchten zum Blinken bringen, und doch ist ein jeder von uns anfällig für ein freundliches Wort. Viele Übeltaten folgen dem Prinzip der Doppelzüngigkeit: Heiratsschwindler bringen ihre Angebetete durch Liebesschwüre zur Ehe, Verbrecher locken ihre kindlichen Opfer mit fantastischen Versprechungen in die Falle etc. Selbst die Tier- und Pflanzenwelt zeigt eine naturgegebene Ausprägung dieser Tücke: Gottesanbeterinnen haben die Kopfform einer Blüte. Viele Insekten lassen sich arglos darauf nieder, um im gleichen Moment zum Opfer zu werden. Fleisch fressende Pflanzen arbeiten nach dem gleichen Prinzip: Sie geben vor, ein ruhiges Erholungsplätzchen zu sein, machen die Insekten dann in Sekunden durch Klebstoff unschädlich und schließen dann die tödlichen Pforten.

Bei diesem Stratagem geht es nicht nur darum, dem anderen seine wahre Gesinnung zu verbergen, sondern man täuscht den anderen ganz bewusst. Im täglichen Leben ist man oft dazu gezwungen, seine wahre Gesinnung für sich zu behalten. Hauptsächlich gebietet es die Höflichkeit, dem Gegenüber nicht alle negativen Gefühle ins Gesicht zu schleudern. Das ist verletzend und wider das normale menschliche Miteinander. Negative Rückmeldungen sind nicht immer produktiv. Es lässt sich nicht voraussagen, wie derjenige, dem die Äußerung gilt, sie aufnimmt, welche anderen Verletzungen unter Umständen damit verbunden sind. Eine bewusste Täuschung aber, die den Angriff hinter einer freundlichen Fassade verbirgt, ist den meisten Menschen in dieser Drastik fremd. Und doch gibt es Situationen, in denen man um die Anwendung des zehnten Strategems nicht herumkommt, nämlich dann, wenn die eigene Person existenziell in Frage gestellt wird. Oder zum eigenen Schutz, etwa dann, wenn man gegen sich gerichtete Intrigen gerade noch rechtzeitig durchschaut und es dringend geboten ist, Gegenmaßnahmen zu ergreifen. Damit aber stellt man sich zumindest moralisch auf die gleiche Ebene mit dem Angreifer.

STRATEGEM 11

# 李代桃僵
## *li dai tao jiang*

*Den Pflaumenbaum für den Pfirsichbaum vertrocknen lassen*

ERLÄUTERUNG

Die elfte Kriegslist mahnt zur Bescheidenheit. Nicht alles, was sich der Angreifer vorgenommen hat, kann auch in die Tat umgesetzt, nicht jedes Ziel gleichermaßen errungen werden. Manchmal muss ein Kompromiss gefunden oder es müssen Abstriche gemacht werden. Ein Krieg kann auch zum Sieg führen, wenn ab und zu ein Verlust zu verzeichnen ist. Es geht hier also um eine exakte Einschätzung, was für den Einzelnen von Bedeutung ist und was hintangestellt werden kann. Ist es möglich, an manchen Stellen nachzugeben und trotzdem noch seinen Plänen gerecht zu werden?

Ruhe wird hier gefordert sowie Umsicht und Distanz zu den eigenen Gefühlen, wie zum Beispiel Stolz und Hochmut. Kleinere Niederlagen dürfen das Ziel nicht gefährden und die Moral sinken lassen. So kann auch im Auf und Ab ein Krieg erfolgreich beendet werden.

GESCHICHTE

General Tian Ji wollte einst beim Pferderennen gegen die Rösser des königlichen Hofes antreten, wusste jedoch, dass er letztlich keine Chance haben werde. Also bat er seinen trickreichen Berater Sun Bin um Hilfe. Dieser erinnerte sich an Strategem 11 und mahnte zu folgender List: Zuerst solle ein schlechtes Pferd Tian Jis gegen ein gutes königliches Tier antreten, dann ein gutes gegen ein mittelmäßiges und zuletzt ein mittelmäßiges gegen ein schlechtes Pferd laufen. Die Rechnung ging auf, und Tian Ji gewann zwei der drei Kämpfe, nämlich die letzten beiden.

Im Krieg wollte Tian Ji nun dieselbe Strategie anwenden, indem er seine Truppen in drei Gruppen aufteilte und sie so gegen den Feind in den Kampf ziehen ließ. Hier ginge es aber um den gesamten Sieg, erklärte Sun Bin, also müsse man die Aufstellung anders verteilen: Die schwächsten Soldaten ließ er gegen die stärksten Feinde kämpfen, und die mittelmäßigen gegen die mittelmäßigen. So blieb zuletzt noch der Angriff der stärksten eigenen Truppe auf die schwächsten Gegner. Nachdem dieser Kampf blitzschnell erledigt war, konnte die stärkste Gruppe zu den anderen aufschließen und aus der Übermacht heraus den Kampf für sich entscheiden. Diese Taktik machten sich im Laufe der Geschichte viele Herrscher zu eigen.

DIE WEISHEIT DAHINTER

Die getreue Lesart des Strategems setzt das Akzeptieren der Unvollkommenheit voraus, wenngleich der Sieg in diesem Fall viele Gesichter hat. Letztendlich geht es nicht um die Schönheit und Unversehrtheit der einzelnen Etappen zum Gipfel, sondern um den Sieg in der Gesamtschau. Und kein Triumph ist ohne Verluste zu erringen. Dieses Strategem definiert sich über einen konsequenten Pragmatismus, der in der Folge das Vorgehen legalisiert. Man könnte auch sagen, Lernen aus Erfahrung. Und mit dieser Einstellung, wenn man zugleich die Herkunft des Strategems aus der Kunst der Kriegsführung berücksichtigt, ist das östliche Denken westlichem machiavellistischem Denken sehr nahe: Das gesamte Bemühen ist dem großen und ganzen Ziel unterzuordnen. Moralische Bedenken haben dabei keinen Platz.

Der Gedanke, für das große Ziel Opfer zu bringen, für den Sieg Verluste in Kauf zu nehmen, begegnet uns auch in der Bibel: „Und wenn dich deine rechte Hand zur Sünde verführt, so haue sie ab und wirf sie von dir; denn es ist besser für dich, dass eins deiner Glieder verloren geht und nicht dein ganzer Leib in die Hölle kommt" (Matthäus 5,30).

Ein weiterer Aspekt ist der Gedanke des Sündenbocks, der sich auch aus der Bibel herleitet: „Dann soll Aaron beide Hände auf den Kopf des lebenden Bocks stützen und über ihm alle Verschuldungen und alle Übertretungen bekennen, mit denen die Israeliten sich versündigt haben, und soll sie dem Bock auf den Kopf legen und ihn durch einen bereitstehenden Mann in die Wüste treiben lassen. So soll der Bock alle ihre Verschuldungen auf sich in eine Wildnis wegtragen" (Levitikus 16, 21f.). Damit eng verbunden ist die Redewendung: „Jemanden in die Wüste schicken."

Der Gedanke, für das Erreichen des großen Ziels Opfer in Kauf zu nehmen, hat in der abendländischen Kultur seine Wurzeln in der Religion, in der chinesischen Tradition fließt das militärisch-pragmatische Symbol in religiöse Vorstellungen ein, wie dies im Buch der Wandlungen belegt ist.

### DIE WEISHEIT ANWENDEN

Strategem 11 mutet wie eine Lebensphilosophie an und begegnet uns in allen menschlichen Zusammenhängen: Emotionale Siege können auch dann errungen werden, wenn man ab und zu nachgibt. Dies gilt in der Partnerschaft wie auch in der Erziehung. Eltern und Pädagogen tun gut daran, den Kindern von Zeit zu Zeit die Zügel zu überlassen. Kinder brauchen Erfolgserlebnisse – auch ab und an über die Eltern – und werden so selbstbewusst und stark. Wenn sie nie als Sieger hervorgehen, können sie sich nicht zu stabilen Persönlichkeiten entwickeln. Auch wenn die Eltern dabei zur Weißglut gebracht werden. Man kann es aber auch anders sehen: Wer fühlt sich nicht angesichts von Güte und Nachgiebigkeit als der moralische Gewinner? Und ist es nicht der größere Triumph, ein ausgeglichenes, glückliches Kind zu haben, als immer und stets konsequente Eltern? Hier stellt sich also die Frage, was den Erfolg ausmacht, wo die Ziele gesetzt sind und wie sie definiert werden. Worauf legt man das Augenmerk? Auf die kurzfristigen oder auf die längerfristigen Erfolge?

Auch das Thema Frustrationstoleranz spielt in der elften List eine große Rolle. Es kann zwar in der beruflichen Karriere steil bergauf gehen, der bessere Chef ist aber sicher der, der auch Verlust und Schwäche kennen gelernt hat, dessen Frustrationstoleranz also gut untermauert ist. Eine gefestigte Persönlichkeit, also eigentlich das Ziel eines jeden Menschen, zehrt von der Erfahrung von Glück und Leid, Sieg und Verlust.

Die Sündenbock-Dynamik gibt es in jeder Gruppe. Oftmals wird sie gar nicht bewusst wahrgenommen. Wann immer es zu Problemen in einer Gruppe oder in einem Team kommt, wird Einzelnen die Schuld dafür gegeben. Die Schuldzuweisung kann auch mehrere Personen in einer Gruppe treffen. Dadurch muss sich die Gesamtgruppe nicht mit den eigentlichen Ursachen der Entwicklung beschäftigen, kann zur Tagesordnung übergehen und hat gleichzeitig einen Sündenbock, der für alle Fehlentwicklungen die Verantwortung aufgebürdet bekommt.

Aber auch die zweite Bedeutungsebene dieses Strategems, bewusst auf Teilerfolge zu verzichten, um ein bestimmtes großes Ziel zu erreichen, begegnet uns in nahezu jeder Ecke des menschlichen Lebens. Der entscheidende Unterschied bei der konsequenten Anwendung dieses Strategems gegenüber den täglich erfahrenen Verlusten ist die bewusste Planung der Niederlage: Das Strategem rät dazu, im Vorhinein festzulegen, welche Verluste gemacht werden können, und überlässt damit nichts dem Zufall. Wer Misserfolge einkalkuliert, hält eben damit zu jeder Zeit das Heft in der Hand.

Bei manchen gerichtlichen Auseinandersetzungen hat man das Gefühl, dass gewiefte Anwälte ganz gezielt Gewinn und Verlust im Prozess gegeneinander aufwiegen.

STRATEGEM $12$

顺手牵羊

*shun shou qian yang*

*Mit leichter Hand das Schaf wegführen*

### ERLÄUTERUNG

Nimm, was du bekommen kannst, und überlege nicht zu lang! Ein Schaf, das zufällig am Wegesrand grast, muss mitgenommen werden; wer weiß, wann sich wieder eines zeigt. Das ist die Kernaussage der zwölften List: Chancen, die einem zufällig auf dem Weg begegnen, müssen unbedingt ergriffen werden, auch wenn sie den großen Plan für kurze Zeit ins Wanken bringen. Auch viele kleine Erfolge können den großen Kampf entscheiden, denn „steter Tropfen höhlt den Stein".

Die kleinen Tore, die der Feind aus Versehen geöffnet hat, die minimalen Fehler, die er sich erlaubt hat, das kurze Zögern, die geringste Schwäche des Gegners, all das sind Chancen, die es wahrzunehmen gilt. Dem Angreifer wird geraten, jede noch so kleine Verfehlung als Gelegenheit zum Gegenschlag zu nutzen. Spontaneität, Geistesgegenwart und Flexibilität sind die Eigenschaften, die beim zwölften Strategem notwendig sind. Vorsicht ist allerdings geboten, wenn sich auf einmal unerwartete Chancen zeigen. Sind sie eine Falle? Sind sie bewusst konstruiert worden, um die Konzentration des Angreifers zu schmälern?

Im Leben gibt es ein hohes Maß an Unsicherheiten, die sich in Risiken, aber auch manchmal in unerwarteten Gelegenheiten niederschlagen. Das Strategem weist darauf hin, dass auch ungeplante Möglichkeiten, die sich überraschend ergeben, zum Ziel führen können.

### GESCHICHTE

Die chinesische Historie birgt eine schöne Legende: Ein hungernder Wandersmann durchquerte auf seinem beschwerlichen Weg eine große Schafherde. Im Vorbeigehen nahm er sich ein Lämmchen und trug es mit einer solchen Selbstverständlichkeit auf dem Arm aus der Herde hinaus, dass der Hirte nicht misstrauisch wurde. Der Dieb führte das Schaf mit leichter Hand, also mit einer unbeschwerten Geste weiter: Er hatte die Gelegenheit genutzt, um durch den spontanen Diebstahl endlich etwas zu essen zu bekommen.

Die Überlieferung dieses Strategems wird unter anderem noch mit folgender Geschichte belegt: Die Staaten Chen und Song führten Krieg gegeneinander. Auf den Rat eines Ministers hin wandte der Staat Song das zweite Strategem an (Wei belagern, um Zhao zu befreien). Das Heer von Song täuschte einen Angriff auf eine Festung im Staat Chen vor und zwang Chen, sich von der Belagerung Songs zurückzuziehen. Der Plan ging auf, und auf dem Rückmarsch des Song-Heeres mussten sie am kleinen Staat Tai vorbei. Das brachte die Herrscher von Song auf die Idee, sich den Staat Tai gewissermaßen im Vorbeigehen einzuverleiben. Der Staat Tai leistete erbitterten Widerstand und schickte nach Chen um Unterstützung. Als man im Song-Lager erfuhr, dass das Heer von Chen im Anmarsch sei, ließ man von der Belagerung Tais ab und zog sich nach Song zurück. Das Chen-Heer fand daher Tai unbelagert vor, noch dazu hatte Tai in Erwartung des verbündeten Chen-Staates die Tore der Stadt weit geöffnet. Diese Gelegenheit wiederum ließ sich Chen nicht entgehen und nahm daraufhin den arglosen Staat Tai ein.

### DIE WEISHEIT DAHINTER

Die moralisch akzeptable Seite des Strategems gleicht der Philosophie für ein gelungenes Leben: Carpe diem, nutze den Tag! Lass keine Gelegenheit verstreichen, die dich deinen persönlichen oder beruflichen Zielen näher bringt. Die Chancen liegen vor deinen Augen, du musst sie nur ohne zu zögern ergreifen. Dies ist eine äußerst pragmatische Auffassung des Nützlichkeitsdenkens, das uns in dieser Rigorosität an Machiavelli erinnert. Von Ferdinand Lassalle, dem Mitbegründer der sozialdemokratischen Partei in Deutschland, stammt der Ausspruch: „Alle Kunst praktischer Erfolge besteht darin, alle Kraft zu jeder Zeit auf einen Punkt – auf den wichtigsten Punkt – zu konzentrieren und nicht nach rechts noch links zu sehen."

Vordergründig scheint dies im Gegensatz zur östlichen Interpretation von Strategem 12 zu stehen. Doch ist damit vor allem gesagt, sich durch nichts vom großen Ziel ablenken zu lassen.

Konfuzius sagt: „Wer bei seinen Handlungen immer auf Vorteil bedacht ist, wird sich viele Feinde machen." Strategem 12 lässt keinen Raum für Überlegungen dieser Art. Seine sinngemäße Entsprechung findet sich in der griechischen Mythologie: „Die Gelegenheit beim Schopf packen." Wobei es hier um die günstige Gelegenheit geht, die man sich nicht entgehen lassen darf, sonst ist sie für immer entschwunden. Das Zitat geht auf den als Gott verehrten Kairos bzw. Occasio (die günstige Gelegenheit) zurück, der als Gestalt mit lockigem Haar geschildert wird und der schnell wieder davonfliegt. Dieses Wegfliegen kennzeichnet die Erfahrung, dass eine günstige Gelegenheit verpasst wurde. Die Erkenntnis, dass es sich um eine passende Gelegenheit handelte, tritt aber erst ein, wenn es zu spät ist, wenn also Kairos schon wieder entschwunden ist. Insofern plädiert dieses Wort auch eindeutig, wie das zwölfte Strategem, für das rigorose Ergreifen der Möglichkeiten, die einem vor den Füßen liegen. Man muss sie nur erkennen und nicht lange zögern, sie auch zu gebrauchen.

### DIE WEISHEIT ANWENDEN

Das ethisch eher bedenkliche Profil der List nutzt die Schwäche der anderen zum eigenen Vorteil und für das eigene Fortkommen. Und dennoch wird ohne Strategem 12 kaum ein Mensch durchs Leben gehen. Harmlose Beispiele zeigen die Alltagstauglichkeit: Kinder nutzen die kurzen Momente, in denen der Freund abgelenkt ist, um das tolle neue Spielzeug zu stibitzen, Schüler den Moment des Klopfens an der Tür für einen Blick auf den Spicker, Männer den rettenden Telefonanruf der besten Freundin der Frau, um endlich die geliebte Sportsendung zu schauen, redegewandte Menschen die Sekunde, in denen der Gesprächspartner eine kurze Pause macht, um das Gespräch wieder an sich zu ziehen etc.

Aber auch im großen Stil wird die Strategie verwertet: Bei Disputen zwischen Politikern erlebt man immer wieder, wie kleinste Entgleisungen im Gespräch sofort ausgenutzt werden, um darauf „herumzureiten" und dem Gegenüber das Wort im Mund umzudrehen. Im wirtschaftlichen Wettbewerb gehört das Ausnutzen der Fehler der Konkurrenten zum täglichen Brot. Reaktionsschnell Lücken zu schließen, die andere übersehen haben, Klarheit zu schaffen, wo andere nebulöse Andeutungen machen, billiger werden, wo der Konkurrent zu teuer war etc.

Bei der Anwendung dieses symbolischen Taktierens haben vor allem Skrupel keinen Platz. Allerdings geht es auch hier nicht um ein blindes Hineinstürzen in eine Situation, sondern um das wache Erkennen der Chancen, um nüchternes Abwägen und die schnellen Entscheidungen. Moralische Bedenken würden den Erfolg zunichte machen. Die wichtigste Voraussetzung ist aber zweifellos, die Chancen zu erkennen. Und dies setzt voraus, die Wahrnehmung für jedes noch so unbedeutende Ereignis zu schulen und dabei das große Ziel nicht aus dem Blick zu verlieren.

STRATEGEM 13

打草惊蛇

*da cao jing she*

*Auf das Gras schlagen, um die Schlange aufzuscheuchen*

ERLÄUTERUNG

Die List nennt die Vorsicht als wichtigste Eigenschaft eines Angreifers. Umsichtig und wohl durchdacht soll ein Kampf geführt werden. Der Gegner muss sehr genau beobachtet werden, um ihn im rechten Moment siegreich bekämpfen zu können. Zum Erfolg führt die Provokation des Feindes, die gleichsam als Warnung verstanden werden soll. Wenn man auf das Gras schlägt, also den Gegner herausfordert, wird er sich zeigen und wie eine Schlange hervorschnellen. So weiß der Angreifer, wo sich der Gegenspieler befindet und in welcher Verfassung er ist. Ist er militärisch gut aufgestellt oder findet man ihn geschwächt vor? Hat er eine Strategie, ist er sich seiner Sache sicher, oder mutet die feindliche Kriegsführung unkontrolliert an? Häufige Störungen der gegnerischen Pläne lassen den Feind nervös und verwirrt reagieren. Wichtig ist zudem die Überwachung der Umgebung. Bietet sich ein Hinterhalt? Sind Verstecke und Möglichkeiten zum Rückzug gegeben? Erst wenn ein exakter Plan das Für und Wider der Lage abbildet, kann zum frontalen Angriff übergegangen werden.

Andererseits will Strategem 13 auch vor dem „Schock der Schlange" warnen. Ist das Tier, der Gegner, erst einmal hellhörig geworden, wird er sich für den Ernstfall gut rüsten, sprich: Er ist gewarnt! Er kann nun entscheiden, ob er sich schnellstmöglich zurückzieht oder sich für den Kampf bewaffnet. Ob der Angreifer also nur einen Warnschuss abgegeben hat, um zu drohen oder um bereits mit den eigentlichen Kriegshandlungen zu beginnen, dies muss der Gegner jeweils selbst einzuschätzen wissen.

### GESCHICHTE

Wieder trafen zwei Armeen aufeinander: die Soldaten von Herzog Mu aus dem Staat Qin, der das weit entlegene Reich von Zheng bekämpfen wollte, und die Männer aus Zheng. Herzog Mu wollte, aller Vorsicht zum Trotz, keinerlei Kenntnisse über das Kriegsgebiet oder die Beschaffenheit des feindlichen Heeres erlangen, er wollte auch keinen Vorreiter schicken, um die Situation im feindlichen Militär zu prüfen. Herzog Wu wollte kämpfen, und das ohne Vorbereitung. Seine Kriegsstrategen warnten ihn vor dem unwegsamen Gelände und den vielen Möglichkeiten, aus dem Hinterhalt angegriffen zu werden. Und doch kam es, wie es kommen musste: Eine kleine Truppe an Gegnern griff das Heer Herzog Mus an. Es gab aber keine großen Verluste, und der Herzog fühlte sich eher ermuntert statt gewarnt. Die gegnerische Hand hatte aufs Gras geschlagen, aber Herzog Wu marschierte sorglos weiter. So hatte der Feind die Chance, das Gelände und den gegnerischen Plan zu durchschauen und ihn im passenden Moment mit aller Macht zu vereiteln. Aus einem Hinterhalt in den Bergen wurde das Heer des Herzogs letztlich angegriffen und geschlagen.

## DIE WEISHEIT DAHINTER

Im Krieg wird oft ein kleiner Angriff durchgeführt, um die Stärke des Gegners zu ergründen oder diesen in eine günstige Stellung für die eigentliche Schlacht zu bringen. Das umgangssprachliche „Auf den Busch klopfen" kommt Strategem 13 sehr nahe, meint es doch, dass jemand durch geschicktes Fragen in Erfahrung bringt, was der Gegner erfolgreich zu verbergen sucht. Das Zitat leitet sich von der Jagd ab: Die Treiber schlagen mit Stöcken auf das Gebüsch, um das Wild, das sich darin verbirgt, aufzuscheuchen. Auch das Zitat „Wie Zieten aus dem Busch" kann als Parallele zu Strategem 13 gelten. Es geht zurück auf Hans Joachim von Zieten, der unter Friederich II. General war und der bei einer Schlacht den in die Enge geratenen Waffengefährten durch sein plötzliches Erscheinen aus der Patsche half. Er tauchte so urplötzlich auf, als sei er mit seinem Reiterheer die ganze Zeit in den Büschen gelegen.

Der Aspekt der Provokation spielt bei diesem Strategem eine entscheidende Rolle. Der Provokateur reizt den Gegner zu unbedachten Handlungen. Das lateinische Wort *provocare* heißt ja nichts anderes als etwas hervorrufen und herausfordern. Die erfolgreiche Anwendung des 13. Strategems steht jedoch der gedankenlosen Tat und der Selbstüberschätzung diametral entgegen. „Auf das Gras schlagen, um die Schlange aufzuscheuchen" erhält seine besondere Bedeutung einerseits durch die damit implizierte Provokation des Gegners, andererseits durch die von Vorsicht getragene Handlung. Diese Vorsicht und Umsicht zeigt sich in der Antwort des Meisters Konfuzius auf die Frage Dsi Lus, welche besonderen Eigenschaften der Führer haben müsste, dem er die Leitung seines Heeres anvertrauen würde. Konfuzius sagte: „Sicher nicht einem tollkühnen, waghalsigen Menschen, der sich unbesonnen in alle Gefahren stürzt und sein Leben für nichts in die Schanze schlägt, sondern einem, der imstande ist, sich bei allem, was er unternimmt, zum voraus Rechenschaft zu geben über die damit verbundenen Schwierigkeiten, und der durch vorsichtiges Abwägen aller Umstände fähig ist, das Unternommene auch wirklich durchzuführen."

## DIE WEISHEIT ANWENDEN

Im übertragenen Sinne will die Tücke also zur listigen Besonnenheit im Umgang mit den Mitmenschen anleiten. Kenne ich den Partner, den Kollegen, den Gegner im Alltag gut genug? Kann ich seine Art zu denken durchschauen oder befinde ich mich auf dünnem Eis? Durch gezielte „Schläge aufs Gras" kann ich seine Reaktionen testen und studieren und Kenntnisse über seine Intentionen erhalten. Diese sind entscheidend für den „Angriffsplan". Man kann dieses Stratagem auch mit der Metapher „Auf dem Trockenen üben" umschreiben. Firmenstrategen nutzen die 13. List gern, um die Reaktionen des Mitbewerbers zu verstehen und ihn zu durchschauen. Wie reagiert der Gegner auf Entlarvung ungeliebter Wahrheiten, auf Provokationen oder Gerüchte? Bleibt er ruhig oder holt er umgehend zum Gegenschlag aus? Diese Erfahrung macht den Angreifer stark und wappnet ihn für andere Situationen, in denen das Wissen um die Verfassung des anderen entscheidend sein kann.

Kinder können sehr gemein werden; sie fordern ihre Mitspieler heraus, beleidigen und provozieren sie, um einschätzen zu lernen, wie der andere reagiert. Wenn ich einen Menschen gut kenne und seine Reaktionen auf gewisse Situationen einordnen kann, weiß ich, wie ich ihn verletzen kann. Ich schlage also immer wieder aufs Gras, bis ich den Gegner zur Flucht zwinge oder ihn zumindest „weich gekocht" habe.

In der Beziehung zwischen Mann und Frau wird das Stratagem häufig als Warnschuss verwendet. Fühlt sich der eine Partner vernachlässigt, macht er den anderen durch kleine, meist gespielte Handlungen eifersüchtig. Durch den „Schlag aufs Gras" versucht der eine Partner also den anderen wachzurütteln und ihn an seine Pflichten zu erinnern: „Kümmere dich mehr um mich, ich bin nicht dein Eigentum und kann jederzeit meiner Wege gehen!"

Im täglichen Umgang mit Gruppen, im Freundeskreis oder in der Familie, ist es durchaus üblich, „auf den Busch zu klopfen", um jemanden aus der Reserve zu locken. Allerdings kommt bei solchen Kampfansagen oft sehr viel zerstörerisches Potenzial zum Vorschein. Und dies steht der ersten Intention des Stratagems entgegen: Die Provokation war zum Beispiel in

Bezug auf den anderen nicht sorgsam durchdacht. Es wurde nicht darauf geachtet, ob und wie der andere verletzt wurde. Langjährige Beziehungen werden Dank der undurchdachten Anwendung von Strategem 13 einfach aufs Spiel gesetzt.

STRATEGEM 14

# 借尸还魂

*jie shi huan hun*

*Für die Rückkehr der Seele einen Leichnam ausborgen*

### ERLÄUTERUNG

Eine Leiche ist bekanntermaßen leblos und ohne Eigenschaften. Wenn einer Leiche die Seele zurückgegeben werden soll, wird ihr folglich die Starre genommen, und sie erhält eine neue Funktion. Diese für westliche Vorstellungen äußert fremd anmutende *Verwendung* eines Leichnams kann als entscheidendes Prinzip des 14. Strategems bezeichnet werden. Einer Leiche soll neues Leben gegeben werden, etwas, das längst vergessen oder sogar abgestorben scheint, soll wiederbelebt werden. Die Leiche wird dazu benutzt, einen Plan bzw. eine Strategie in die Tat umzusetzen. Die Taktik rät dazu, den Gegner mit ungewöhnlichen und unerwarteten Schachzügen zu überraschen: Eine Leiche hervorholen und ihr Kraft und Stärke verleihen, ihr also eine neue Seele einhauchen.

In besonderer Weise kommt hier etwas scheinbar Bedeutungsloses, ein längst über Bord geworfenes Mittel wieder zum Einsatz, indem man ihm neue Funktionen zuschreibt und ihm neue Kraft verleiht. So kann aus dem Verlorenen Unerwartetes entstehen oder gar Neues geschaffen werden.

### GESCHICHTE

Dazu findet sich in der chinesischen Geschichte folgende Begebenheit, die zur Gründung der Drei Reiche führte: Die jungen Kaiser Shaodi und Xiandi, die nacheinander die Stadt

Luoyang regierten, wurden mehrfach dazu benutzt, die Vorstellungen von Strategen, Heeresführern und Ministern durchzusetzen. Die jungen Kaiser wurden als *Leichen* verstanden. Sie
selbst waren aufgrund ihrer mangelnden Erfahrung und Stärke
nicht in der Lage, große Kämpfe zu bestehen, und so fanden
sich immer *Parasiten*, die sich ihrer bemächtigten und sie nach
Strich und Faden ausnutzten und ihr Ansehen missbrauchten.
Anderer Menschen *Atem* wurde ihnen, den politischen Leichen,
eingehaucht, um erfolgreich zu regieren. Der Machthaber Dong
Zhuo, der zur Unterstützung und Beratung des Reiches geholt
worden war, setzte Kaiser Shaodi kurzerhand ab und ließ den
nicht einmal zehn Jahre alten Xiandi zum Kaiser und sich selbst
zum Premierminister erheben. So hatte er das eigentliche
Machtgeschäft in der Hand. Der berühmte Heeresführer Cao
Cao hörte davon und wollte den gefürchteten Dong Zhuo entmachten. Leider misslang dieser Versuch, es kam zu inneren
Kämpfen unter Dong Zhuo, und der junge Kaiser Xiandi wur-
de zum Spielball der Mächte. Die Hauptstadt des jungen
Regenten wurde immer wieder von A nach B verlegt. Cao Cao
kam dem kindlichen Kaiser schlussendlich zu Hilfe, zwang ihn
aber als Gegenleistung, ihn zum Premierminister zu machen.
So wurde Cao Cao einer der mächtigsten Männer im alten
Reich. Er wollte Regent ganz Chinas werden, Liu Bei aber ließ
sich den Süden des Reiches nicht nehmen, und so endete die
Han-Dynastie. Es begannen sich die Drei Reiche Wei, Wu und
Shu Han zu formieren.

DIE WEISHEIT DAHINTER

Das 14. Strategem hat verschiedene Entsprechungen im
westlichen Denken. Etwa zur gleichen Zeit, als das Strategem
aus der Erfahrung verschiedener Heerführer in China formuliert wurde, entwickelte Heraklit in Ephesus seine Philosophie,
nach der neben dem vielfältig interpretierbaren Begriff des
Logos vor allem der Prozess des ständigen Werdens und
Wandels ein zentraler Inhalt war. Seitdem assoziiert man mit
Heraklit die Kurzformel *panta rhei* (Alles fließt). Dem steht die
Aussage im neunten Kapitel des Matthäusevangeliums entgegen: „Man füllt auch nicht neuen Wein in alte Schläuche; sonst
zerreißen die Schläuche und der Wein wird verschüttet und die

Schläuche gehen zugrunde. Sondern man füllt neuen Wein in neue Schläuche; dann bleiben beide miteinander erhalten" (Matthäus 9,17).

Beide Ansätze tragen eine Wahrheit in sich. Will man aber Leichen zum Leben erwecken und mit scheinbar totem Material etwas grundlegend Neues erschaffen, muss das Denken Strategem 14 folgen. Die Gefahren, wie sie Matthäus beschreibt, müssen mit einkalkuliert werden: Ohne Risiko kein Gewinn.

Militärisches Denken ist seit jeher von Traditionen geprägt. So werden beispielsweise Kasernen, Schiffe, Kampffahrzeuge nach erfolgreichen Schlachtenlenkern oder -schauplätzen benannt. In diesem Denken zeigen sich Relikte des Stratagems. Mit seiner Hilfe wird neuen Kriegsmitteln symbolisch eine Erfolgspatina aufgelegt. Es ist aber auch der kühl reflektierte Versuch, alte Zielsetzungen mit neuen Inhalten zu versehen. Die beiden Richtungen sind zunächst wertneutral zu betrachten. Strategem 14 versucht, das, was einmal gelungen ist oder positive Ansätze zeigte, wieder zu beleben, es für einen Neuanfang zu nutzen. Insofern spielt die Taktik mit der Erfahrung und dem Wissen über den ursprünglichen Sieg. Beides in Einklang zu bringen führt zur Weisheit. Es geht gar nicht so sehr um die Täuschung, sondern eher um das Sich-zu-Nutze-Machen des Alten und Vergangenen. So ist das Neue, wie Heraklit es formuliert, „ein ewiges Werden und Vergehen".

### DIE WEISHEIT ANWENDEN

Die Politik arbeitet häufig mit der Strategie des „alten Weins in neuen Schläuchen": Wie oft werden vergessene und längst ad acta gelegte Vorstellungen und Ideen aus der Schublade geholt und den Menschen als völlig neue Programme verkauft, überholte Gedanken modernisiert und dem Wähler als größte Errungenschaft präsentiert. Die längst verstaubte *Leiche* erhält einen neuen Anstrich und wird als das Neue und Moderne unters Volk gebracht. Gerade bei älteren Menschen, denen Tradition und scheinbar überkommene Werte viel bedeuten, funktioniert die List, etwas Altes wieder aufleben zu lassen. Mit traditionellen Themen lassen sich Menschen einfangen, deren Herz an den guten alten Zeiten hängt. Die Werte Zusammenhalt und Miteinander werden in einer Welt der Ellenbogenkämpfe zum Prinzip erhoben. Unter dem Deckmantel des Gemeinsamen lässt sich auf diese Weise spielend der egoistische Plan verwirklichen. Viele Menschen in führenden Positionen profitieren davon, können sie sich doch auf diese Weise die Solidarität der Mitarbeiter erschleichen.

Ein typisches Beispiel für die 14. List ist die Wiederentdeckung der 50er, 60er oder 70er Jahre. Der alte Look belebt die *Leichen* vergangener Zeiten, entlockt den Menschen, die in diesen Jahren aufgewachsen sind, Gefühle der Nostalgie und Wärme und begründet letztlich das mehr als lukrative Geschäft der dieses Strategem anwendenden Konzerne.

Auch partnerschaftliche Streitmuster zeigen die Struktur des Strategems: Alte, vergessene und vermeintlich längst geklärte Streitpunkte werden immer und immer wieder aufgewärmt, um damit aktuelle Argumente zu untermauern, frei nach dem Motto: „Du hast schon immer …!"

Auch gezielte Manipulation anderer Menschen fällt unter die Rubrik der 14. List. Es gibt immer wieder Kollegen, Teammitglieder oder auch Freunde, die für die Zwecke anderer missbraucht werden, denen die Meinung des Stärksten aufoktroyiert und eingegeben wird, „wie den Leichen der Odem". Diese Marionetten funktionieren im Sinne des Meinungsgebers und lassen sich so für seine Dienste einspannen.

STRATEGEM 15

# 调虎离山
*diao hu li shan*

*Den Tiger aus den Bergen herablocken*

### ERLÄUTERUNG

Stratagem 15 stellt die Umgebung des Feindes, menschlich wie örtlich, in den Vordergrund des Interesses. Der wilde Tiger soll aus seinem Terrain gelockt und sprichwörtlich „aufs Glatteis geführt werden". Der Angreifer versucht, den Feind dazu zu bringen, seine vertraute Umgebung zu verlassen, um ihn dann, seines Schutzes beraubt, bekämpfen zu können. Die Berge stehen für die schützende Umgebung, die sich der Feind geschaffen hat: ein Heer, das ihm zur Seite steht, Zelte, die ihn bergen, ein Gelände, das er kennt etc. Diese Sicherheit zu verlassen, bedeutet für den Gegner den Tod. In den Bergen ist der Tiger mächtig, im flachen Land kann man ihn umzingeln und besiegen.

Ziel des Angriffs muss also sein, den Feind in das eigene Gebiet zu locken und ihn dort anzugreifen, keinesfalls umgekehrt. Alles Kapital, das der Feind aufweisen kann, muss zurückbleiben, und dies bezieht sich besonders auf ein starkes gegnerisches Heer. Sollte es dennoch notwendig sein, dass der Angreifer dem Gegner ein Stück „in die Berge" entgegenkommen muss, sollte auch der gesicherte Fluchtweg Teil des Angriffsplans sein.

### GESCHICHTE

Liu Bang und Xiang Yu strebten beide nach dem Kaiserthron. Ein Mann namens Han Xin diente zunächst Xiang Yu, lief aber dann zu Liu Bang über und unterwarf sich diesem treu. Er wurde von Liu Bang zum General ernannt und erhielt von ihm sogar noch das Lehen Chu. Als Xiang Yu starb und Liu Bang endlich den Thron besteigen konnte, mussten viele ehemalige Generäle Xiang Yus vor dem nun mächtigen Liu Bang fliehen, darunter auch ein Mann namens Zhong Limei. Dieser suchte seinen alten Freund Han Xin auf, der ihn bei sich aufnahm und

ihn vor Liu Bangs Häschern versteckte. Dies kam aber Liu Bang
zu Ohren: Er befahl daher Han Xin, Zhong Limei an ihn auszu-
liefern. Doch Han Xin widersetzte sich diesem Befehl. Da erinnerte sich Liu Bang des 15. Strategems. Er lud die von ihm eingesetzten Fürsten aller Provinzen zu einer Konferenz nach
Chen ein. Da konnte auch Han Xin nicht anders, als sein sicheres Lehen zu verlassen und dem Befehl Liu Bangs Folge zu leisten. Um seinen eigenen Kopf zu retten, erfüllt von blanker
Angst, ließ Han Xin Zhong Limei als Zeichen seiner Treue zu
Liu Bang köpfen. Doch das alles half ihm nicht mehr, denn Liu
Bang ließ ihn trotzdem in Chen verhaften. War dies doch der
Grund der Versammlung gewesen. Der Tiger war aus den
Bergen gelockt worden und wurde in Folge seiner Untreue nun
auf fremdem Terrain entmachtet.

Eine andere Belegstelle erzählt eine interessante Legende:
Zwei Mönche, Tripitaka und der Schweinsmönch, wurden
durch Flusswasser schwanger. Der Affenkönig, der die beiden
Mönche auf ihrem Weg begleitete, wollte aus einer ihm bekannten Quelle Wasser holen, das eine Abtreibung herbeifüh-
ren konnte. Die Quelle aber wurde von einem hässlichen
Ungetüm bewacht. Der Affenkönig kämpfte zwar mit dem
Monster, schaffte es aber nicht, das Wasser abzufüllen. So bat er
einen anderen Mönch um Hilfe. Er solle das Wasser besorgen,
während er, der Affenkönig, das Monster ablenken und aus
den Bergen locken wolle. Das Strategem führte zum Sieg. Der
Mönch holte das Wasser und meldete es dem Affenkönig, der
den Kampf sofort abbrach.

### DIE WEISHEIT DAHINTER

Durch die Kunst der Ablenkung kann man sein Ziel oft leichter erreichen als auf direktem Weg. Um die Aufmerksamkeit
des Gegners zu zerstreuen, muss man ihn aus der Sicherheit
weglocken, man muss ihn rechts streicheln und links schlagen.
Das Strategem spielt mit der Ablenkung. In Schopenhauers
Eristischer Dialektik lautet Kunstgriff 29: „Merkt man, dass
man geschlagen wird, so macht man eine Diversion, d. h., man
fängt mit einem Male von etwas ganz anderm an, als gehörte es
zur Sache und wäre ein Argument gegen den Gegner. Dies ge-

schieht mit einiger Bescheidenheit, wenn die Diversion (d. i.
ein Angriff von der Seite) doch noch überhaupt das thema
quaestionis (d. i. das Thema der Diskussion) betrifft, unverschämt, wenn es bloß den Gegner angeht und gar nicht von der
Sache redet … Unverschämt ist die Diversion, wenn sie die
Sache quaestionis ganz und gar verlässt und etwa anhebt: ‚ja,
und so behaupteten Sie neulich ebenfalls etc…'" Hier zeigt
Schopenhauer, analog zu Strategem Nummer 15, wie bei einem
Konfliktgespräch der Gesprächspartner auf fremdes Terrain
und letztendlich in die Falle geführt werden kann.

Eine bekannte Redewendung lautet: „Jemanden aus der Reserve locken." Das heißt letztendlich nichts anderes, als ihn
dazu zu verleiten, seine Zurückhaltung aufzugeben und sich
damit angreifbar zu machen.

Jeder Mensch hat seine persönlichen geistigen Refugien, in
die er sich zurückzieht, hinter denen er sich gewissermaßen
verschanzt und die ihm Schutz und Sicherheit verleihen. Den
Gegner dazu zu verleiten, diese Sicherheit aufzugeben, ist nicht
leicht. Damit es überhaupt gelingt, braucht man eine ganze
Menge Erfahrung und Einfühlungsvermögen. Sich in den anderen Menschen so hineinzuversetzen, dass man erspürt, was
ihn verletzlich macht, gelingt nicht ohne Konzentration, ohne
genaue Wahrnehmung seiner ganz spezifischen Verhaltens-
weisen, seiner Mimik, seiner Gestik, seiner Körpersprache.
Und genau dieses Herauslocken aus der Reserve stößt im täglichen Leben an Grenzen. Es ist eben nicht alles erlaubt, was
möglich ist.

### DIE WEISHEIT ANWENDEN

Man erlebt die Last der List beispielsweise bei klassischen
„Fachidioten": Für einen erfolgreichen Disput rät Strategem 15
dazu, den „allwissenden" Gegner von seinem Fachgebiet ab-
zuziehen und im Gegenzug das eigene Spezialgebiet in den
Vordergrund zu stellen. Möglicherweise schwimmt der Gegenspieler bei dem ein oder anderen Thema und gibt dem Angreifer
die Chance, zu brillieren. Jeder hat seine Schwächen, über die
er nicht gern spricht, und ein Gebiet, von dem er nicht den
Hauch einer Ahnung hat. Dies gilt natürlich umso mehr für

den rein privaten Bereich. Übertrieben klischeehaft gesprochen sollte der Mann der Frau nicht in der Küche den Machtkampf ansagen und die Frau dem Mann nicht in der Hobbywerkstatt. Um seiner Meinung Nachdruck zu verleihen oder Standpunkte zu klären, ist ein neutraler Boden die beste Variante.

Die Wahl der Örtlichkeit ist immer von entscheidender Bedeutung. Die Sicherheit des Gegners schwindet, wenn er die vertraute Umgebung verlässt. Dazu gehört auch die Trennung von starken Partnern. Wie oft erlebt man bei Kindern eine besondere Coolness, wenn sie zu zweit auftreten. Separiert man die Kleinen voneinander, wendet sich das Blatt meist sehr schnell, und jeder zeigt seine individuelle, meist bedeutend harmlosere Seite.

Wenn eine Auseinandersetzung festgefahren ist und man den Eindruck hat, den anderen nicht mehr zu erreichen, kann das Stratagem dabei helfen, „den Tiger aus den Bergen herabzulocken", um das Gespräch wieder in Gang zu bringen. Das wird nicht gelingen, wenn man sich selbst nicht auch ein Stück weit auf fremdes Terrain begibt. Wird der Gesprächsteilnehmer zum Beispiel plötzlich laut, kann es ein Hinweis darauf sein, dass er unsicher ist. Wenn man auf diese Unsicherheit souverän reagiert und nicht mit einem Gegenangriff kontert, hat man letztendlich schon „gewonnen": In vielen Fällen ist es dem Gegenüber selbst peinlich, dass er sich nicht mehr unter Kontrolle hatte.

STRATEGEM 16

# 欲擒故纵

*yu qin gu zong*

*Etwas loslassen, um es dann gefangen zu nehmen*

## ERLÄUTERUNG

Strategem 16 stellt eine List dar, die auf die Psyche des Widersachers abzielt. Es geht hier nicht um das Aufstellen eines potenten Militärs, sondern um das geschickte Handeln im Geiste. Der Gegner soll nicht in die Enge getrieben werden. Man sollte ihm stets ein „scheinbares" Hintertürchen offen lassen, um ihn nicht zu extremen Taten herauszufordern und ihm keinesfalls die Kraft zu geben, all seine Stärken zu mobilisieren. Zurückhaltung und Vorsicht sind gefordert. Der Feind wird getäuscht, indem man ihm eine eigene Schwäche und Unzulänglichkeit vorspielt, sodass er das Gefühl hat, er sei überlegen. Man lässt ihn also zunächst ins Leere laufen. Sobald sich der Gegner aber sicher und unbeobachtet fühlt, wird er angegriffen und gefasst.

## GESCHICHTE

Zhuge Liang war bekannt für seine listige Kriegsführung. So geschah es, dass der Kaiser von Shu und seine Frau starben und der junge Prinz die Regentschaft übernahm. Alles war ins Chaos gestürzt, und mehrfach wurde das Reich von Fürsten angegriffen. Zuletzt war nur noch Meng Huo als starker Gegenspieler übrig. Dieser versuchte auf unterschiedliche Weise, dem Reich zu schaden, und Zhuge Liang wusste, dass der Gegner militärisch mächtig war. Also musste er ihn anderweitig besiegen. Zhuge Liang ließ den starken Widersacher daher immer wieder frei, obwohl der Feind durchtrieben und brutal war. Verschiedene Überlieferungen berichten, Zhuge Liang habe Meng Huo insgesamt siebenmal überwältigt und ihm immer wieder die Freiheit geschenkt, sogar gegen den Rat seiner Generäle und Räte. Schließlich gab der Gegner auf und neigte sein Haupt vor Zhuge Liang. Der Widersacher war so lange psychologisch bearbeitet worden, dass seine innere Abwehr komplett gebrochen war. Man hatte ihm die Freiheit geboten, die er aber aufgrund seines ewigen Hasses auf Zhuge Liang nicht nutzen konnte: So schwor er Zhuge Liang doch lieber Treue, und der Kampf gegen Meng Huo war endlich ausgestanden.

### DIE WEISHEIT DAHINTER

Von Laotse stammt der Spruch: „Eine unbewegliche Armee kann nie die Schlacht gewinnen. Ein unbiegsamer Baum zerbricht im Sturm." Auch der Ausspruch: „Mit jemandem Katz und Maus spielen", kommt Strategem 16 „Etwas loslassen, um es dann gefangen zu nehmen", und seiner Kernaussage sehr nahe. Hier geht es darum, den anderen hinzuhalten, mit ihm zu spielen und ihn letztlich dazu zu bringen, in seinem Leid zu verharren und auf die endgültige Entscheidung über Leben oder Tod zu warten.

Aus dem Englischen stammt das Sprichwort: „Eine scheue Katze macht eine stolze Maus", was im übertragenen Sinn als List verstanden werden muss. Der Maus wird scheinbar immer wieder verziehen, die Katze gibt sich scheu und nachgiebig und „lockert ihren Griff". So glaubt die Maus, dem Feind überlegen zu sein. Das fordert sie immer mehr heraus. Die Maus, an sich chancenlos, wird übermütig und unvorsichtig. Sie läuft direkt in die Falle.

Strategem 16 zielt genauso konsequent auf die Unterwerfung des Feindes und den damit verbundenen eigenen Sieg wie alle anderen Strateme auch. Nur wird bei Anwendung dieses Strategems weitgehend auf den offenen Kampf verzichtet. Vielmehr setzt die List auf den längeren Atem, auf das Vertrauen in die eigene Stärke und das Wissen, letztendlich den Sieg davonzutragen. Mit anderen Worten: Der Angreifer weiß, er wird dem Feind den Rang ablaufen. Jemandem den Rang ablaufen kommt von *Rank*, eher *Ränke*, und bedeutet ursprünglich „die Krümmung des Weges abschneiden". Man kommt dem Gegner zuvor und ist still und heimlich bereits am Ziel angekommen, wenn der andere über die normale Wegstrecke erschöpft eintrifft.

### DIE WEISHEIT ANWENDEN

Jeder hat schon die Erfahrung gemacht, dass Menschen oder auch Zustände, je mehr man sie zu binden versucht, umso eher dazu neigen, sich zu verabschieden. In der Beziehung zwischen pubertierenden Kindern und ihren Eltern trifft dies besonders zu: Eltern, die ihre Kinder laufen lassen, werden sie zurückgewinnen, Eltern, die ihre Sprösslinge an zu Hause binden wollen und ihrem Drang, ihren eigenen Weg zu gehen, nicht nachgeben, werden sie möglicherweise für immer verlieren.

In der Partnerschaft gilt dies gleichermaßen. Lässt man in der selbst auferlegten Bindung ein wenig locker und gibt dem anderen das Gefühl von Freiheit und Eigenständigkeit, wird dieser von selbst die verlorene Nähe suchen und zurückkehren.

Bei geplanten Entlassungen werden die betreffenden Personen im Vorfeld häufig betont „in Ruhe gelassen". Man wiegt sie in Sicherheit, damit sie nicht hellhörig werden und zum Protest aufrufen oder in der Öffentlichkeit zum Gegenangriff übergehen. Erst wenn man alle scheinbaren Belege und Gerüchte gegen eine Person in der Tasche hat, wird sie überrumpelt und vor vollendete Tatsachen gestellt. Man hat den Mitarbeiter zunächst laufen lassen, um ihn hinterher geschickt zu fassen.

Es scheint, als lasse man den anderen gewähren, als mische man sich in seine Angelegenheit nicht ein. In Wahrheit aber führt man ihn von langer Hand, ohne dass der Geführte es überhaupt merkt. Das verlangt ein psychologisch sehr geschicktes Agieren, das sich in vielen Fällen nicht ohne fremde Hilfe durchhalten lässt. Man muss sich dabei immer wieder vor Augen führen, dass sich der andere, je näher man ihm kommt, mit der Mobilisierung seiner letzten Reserven gegen die drohende Niederlage wehren wird. Während einer Auseinandersetzung dem anderen so viel Zeit zu gewähren, dass er wieder zu Kräften kommen und verschnaufen kann, ihn in dieser ganzen Zeit der vermeintlichen Ruhe aber nicht entwischen zu lassen, macht die Kunst dieses Strategems aus. Im übertragenen Sinn heißt dies, mit Verständnis und Feingefühl auf den Feind zu reagieren und ihn dadurch Stück für Stück zu entwaffnen.

STRATEGEM 17

# 抛砖引玉

*pao zhuan yin yu*

Einen Ziegelstein hinwerfen, um einen Jadestein zu erlangen

## ERLÄUTERUNG

Jade, ein grüner Edelstein, ist sehr wertvoll, ein bloßer Ziegelstein dagegen ist überall zu bekommen und keine Anstrengung wert. Und genau darum geht es: Der Gegner soll dazu verleitet werden, etwas Wertvolles herauszugeben. Im Gegenzug wird er dafür etwas Geringwertiges erhalten, er soll also sprichwörtlich geködert werden. Entscheidend ist, dass der Widersacher von diesem Hintergedanken nichts mitbekommt und er den Ziegelstein für (ebenso) wertvoll erachtet (wie den Jadestein).

Wie bringe ich den Feind dazu, mir das Begehrte herauszugeben? Wie schafft man dies, ohne dass der Gegner Argwohn schöpft? Hierbei bekommt das Auftreten eine ganz besondere Bedeutung. Entschlossenheit, Stärke und Überzeugungskraft sind vonnöten, um zum Ziel zu gelangen. Genauso wichtig ist dabei die Unbedarftheit und Naivität des Gegners. Dies ist in der Realität selten der Fall, also handelt es sich in der Regel um ein perfides Täuschungsmanöver. Strategem 17 liegen allerdings keineswegs immer nur niedere Beweggründe zugrunde: Man kann einen Menschen auch durch das „Werfen von Ziegelsteinen" zu höheren Leistungen anzutreiben versuchen, ihn also dazu bringen, „Jade zu produzieren". Man gibt etwas Minderwertiges ab oder legt einen Köder aus und erhält dafür etwas Wertvolles.

## GESCHICHTE

Der Staat Jiao wurde um 700 v. Chr. vom Königreich Chu tückisch in die Knie gezwungen: Einige Soldaten des Chu-Heeres wurden zum Holzholen ausgesandt und dabei von gegnerischen Kämpfern gefangen genommen. Die Soldaten wurden dafür reichlich belohnt. Am nächsten Tag kamen wiederum Holzfäller des Weges. Ohne die List zu durchschauen, strömten die gegnerischen Soldaten erneut aus, wurden jedoch aus dem Hinterhalt von den Chu-Soldaten umzingelt. Die restliche Truppe stürmte das offene Stadttor, und die Hauptstadt des Jiao-Reiches wurde gekapert. Jeglicher Widerstand war zwecklos. So wurde aus einem bloßen Ziegelstein, den Holzfällern des vorangegangenen Tages, ein wertvoller Jadestein, der Sturz der Stadt.

In einem anderen historischen Beispiel wird von der positiven Seite des Strategems berichtet: Der Dichter Zhao Gu, der zu Zeiten der Tang-Dynastie lebte, stattete dem Geisterfelsen in Sozhou einen Besuch ab. Chang Jian, ein Dichter vor Ort, wollte so gerne ein Gedicht des großen Zhao Gu lesen. Also schrieb er dilettantisch zwei unvollständige Verse an die Steinwand in der Hoffnung, Zhao Gu ärgere sich über die schlechte Dichtung und fühle sich dazu aufgefordert, sie formvollendet zu vervollständigen. Und siehe da, der große Meister machte daraus tatsächlich ein wunderbares Gedicht, der „Jadestein" war geschaffen worden.

### DIE WEISHEIT DAHINTER

Auf Niccolo Machiavelli geht das Wort zurück, dass, wer einen anderen täuschen will, immer jemand findet, der bereit ist, sich täuschen zu lassen: „Die Menschen sind so einfältig und hängen so sehr vom Eindruck des Augenblicks ab, dass einer, der sie täuschen will, stets jemanden findet, der sich täuschen lässt." Ganz eindrucksvoll auch die Passage in Mark Twains Jugendroman „The adventures of Tom Sawyer", in der Tom zur Strafe für sein zerrissenes Hemd den Zaun streichen muss, während seine Freunde angeln oder schwimmen gehen dürfen. Doch Tom ist listig: Jedes Mal, wenn ein Junge vorübergeht und ihn fragt, ob er nicht mitkommen wolle, erklärt er, wie toll es sei, den Zaun streichen zu dürfen. Da möchten die anderen Jungen auch den Zaun streichen. Doch Tom spielt den Zögernden, der sich ungern von der wunderbaren Arbeit trennen möchte, und zwar so überzeugend, dass die Jungen ihn dafür, auch den Zaun streichen zu dürfen, reihum entlohnen: vom Angelhaken übers Taschenmesser bis hin zu schönen Murmeln. Und Tom selbst brauchte dagegen keinen Finger mehr zu krümmen.

Das Strategem ist eine Variation der Köder-Metaphorik. Ohne den Köder an der Angel lässt sich der Fisch nicht fangen. Aber auch die Umkehrung des Grimm'schen Märchens vom Hans im Glück, der sein Wertvolles für Wertloseres gibt, spielt mit dem Gedanken, Wertloses für Wertvolles zu geben. Nur ist in diesem Fall der Verlierer der Gewinner. Die Intention des Strategems korreliert ferner mit einem weiteren Wort der Eristischen Dialektik Schopenhauers: „Wenn einer sich seiner eigenen Schwäche im Stillen bewusst ist, wenn er gewohnt ist, mancherlei zu hören, was er nicht versteht, und doch dabei so tut, als verstünde er es, so kann man ihm dadurch imponieren, dass man ihm einen gelehrt oder tiefsinnig klingenden Unsinn mit ernsthafter Miene vorschwatzt und dies für den unbestreitbaren Beweis seiner eigenen These ausgibt."

### DIE WEISHEIT ANWENDEN

Mitarbeiter werden durch Prämien zu größerem Einsatz gebracht, Eltern kaufen ihren Kindern ein besonderes, vielleicht viel zu teures Kleidungsstück, nur weil noch eine geliebte Comic-Figur angehängt ist. Fertighäuser werden billig angeboten, in dem besten Wissen, dass der Käufer noch viel Geld in sein Eigenheim stecken muss, um es bewohnbar zu machen. Der Verkäufer setzt also einen Ziegelstein ein, in der weisen Voraussicht, in nächster Zeit einen Jadestein zu erhalten, da der Käufer noch viel Geld in seine Tasche fließen lassen wird.

Beispiele für diese List gibt es massenhaft, die gesamte Werbung arbeitet damit. Aber auch im ganz privaten Bereich funktioniert diese Tücke. Die angebeteten Damen werden den Herren äußerst gewogen sein, wenn sie ab und zu einen Strauß Blumen – dieser steht für den Ziegelstein – bekommen. Und die Herren erhalten für eine lange Zeit einen Jadestein in Form von Zuwendung und Zufriedenheit der Angebeteten.

Lockstoffe gibt es genug, aber auch Geprellte, die auf den „Ziegelstein" hereingefallen sind. Wie schon das Wort Köder sagt, das eigentlich die Lockspeise meint, wird dieser ausgelegt, um das Größere, das Wertvollere zu erlangen. Im Zwischenmenschlichen ist es immer wieder der bewusste Einsatz von Lob oder gespielter Bewunderung, die den anderen gewogen, wenn nicht sogar blind für die List macht. Besonders emp-

fänglich für die Lockmittel Bewunderung und Lob sind man-
gelndes Selbstbewusstsein. Derjenige, der den Köder auslegt,
stellt sehr schnell fest, ob er den „Jadestein" damit gewinnt
oder nicht. Er muss ja nur darauf achten, wie seine Worte aufgenommen werden, welche Wirkung sie erzielen. Auf diese Art
von Köder nicht hereinzufallen setzt ein erhebliches Maß an
Abgrenzung voraus, ohne den anderen abzuschmettern.

STRATEGEM 18

# 擒賊擒王

*qin zei qin wang*

*Eine Räuberbande durch Gefangennahme des Anführers unschädlich
machen*

### ERLÄUTERUNG

Das 18. Strategem leuchtet dem Betrachter sofort ein, machte es
doch Geschichte, und dies weltweit und zu allen Zeiten. Es gibt
unzählige Beispiele, die zeigen, wie Gruppierungen, Parteien,
Heerscharen oder sogar ganze Völker durch die Ausschaltung des
Anführers im Kern demoralisiert wurden. Attentate auf Befehlshaber oder politische Spitzen gehören zur Kriegslist schlechthin.
Wollte man also ein feindliches Heer zum Rückzug zwingen,
nahm man zunächst den Anführer der Gegner gefangen, stahl damit dem Körper die Seele, und die feindlichen Soldaten waren demoralisiert und flohen in Angst und Schrecken.

Ohne militärische Leitung ist kein planvolles Handeln möglich,
ohne Befehle gibt es keinen Angriff. Diese List konnte nur gelingen, wenn sich alles Tun und Denken der feindlichen Armee auf
eine Person und dessen Vorgaben stützte. Untergebene, Mitläufer
und Jasager zogen sich zurück, sobald der Befehlshaber geschwächt oder gar vernichtet war.

In diesem Strategem wird die Zentralisierung der Macht auf
eine Person oder eine Gruppe deutlich, hier zeigt sich das hierarchische Denken im Regime der chinesischen Kaiserzeit. Sobald

die Verantwortung verteilt wird, gibt es kein Machtmonopol mehr, kann das Fehlen eines einzelnen Kopfes nicht zum Chaos führen.

GESCHICHTE
Ein Beispiel aus der chinesischen Geschichte macht die Kriegslist greifbar: Zhan Xun, kaiserlicher General während der Tang-Dynastie, ein kluger und listiger Stratege, sollte im Jahre 757 Suiyang verteidigen, eine der wichtigsten Städte im Reich der Mitte. Nun geschah es, dass Rebellen mit ihrem Anführer General Yin Ziqi vor den Toren der Stadt wüteten. Es kam zu entsetzlichen Schlachten und dem Verlust vieler kaiserlicher Soldaten. Als die Bedrängnis für die Stadt zu groß wurde und die Versorgung der Bürger in Gefahr war, musste Zhan Xun handeln: Er ließ in einer Nacht-und-Nebel-Aktion viele der Rebellen und eine Reihe der gegnerischen Offiziere töten. Das Chaos bei den Belagerern war unendlich groß. Doch der führende General Yin Ziqi konnte nirgends gefunden werden, da man über sein Aussehen oder seinen Standort nicht informiert war. Eine List kam General Zhan Xun zur Hilfe: Er ließ seine Soldaten Pfeile aus weichen Wermutzweigen herstellen, einem Holz das für diesen Zweck höchst ungeeignet war und dem Gegner keinen Schaden zufügen konnte. Alles machte also den Anschein, als ob Zhan Xun und seine Mannen bis ins Mark geschwächt seien. Die Rebellen dachten, die Gegner hätten keine Waffen mehr, jubelten und rannten zu ihrem Heerführer Yin Ziqi, einem Mann, der sich hinter den Kämpfern befand, um ihm die freudige Nachricht zu überbringen. So war es für die Soldaten Zhan Xuns ein leichtes Spiel, den gegnerischen Heerführer ausfindig zu machen und zu verwunden. Ein Pfeil traf sein Auge, er wurde schwer verletzt, und das Heer war somit zum Rückzug gezwungen.

DIE WEISHEIT DAHINTER
Die Bande war ursprünglich eine Kriegsschar mit einer gemeinsamen Fahne, einem Banner, einem Zeichen also, das sie als zusammengehörige Truppe auswies. Der Raub zielte auf die Siegesbeute, also auf das gewaltsame Entreißen von Gegenständen, die anderen gehörten, eben den Besiegten oder den

Überfallenen. Rauben bedeutet ferner reißen, entreißen, zerbrechen, pflücken. In Strategem 18 soll das Haupt der Räuberbande unschädlich gemacht werden, mit dem Ziel, die ganze Bande zu vernichten.

Die Geschichte zeigt, dass das Verständnis von Leitung, Führung und der damit verbundenen Macht nicht eindeutig war. Aus der Bibel wurde das Vorrecht der Macht abgeleitet. So konnte dem Reichskanzler Bismarck noch der Satz zugeschrieben werden: „Macht geht vor Recht", was letztendlich auf das Buch Habakuk verweist, in dem der Prophet das Aufkommen von Gewalt und Schrecken auf Kosten des Rechts und Gesetzes beklagt (Habakuk 1,2ff.).

In der neueren Philosophiegeschichte werden die Begriffe Macht und Gewalt nicht immer synonym verwendet. Während dem Begriff Gewalt eigentlich durchgängig eine eindeutig negative Bedeutung zugeschrieben wird, zeigt die Verwendung des Begriffs Macht meist sowohl eine negative als auch eine positive Seite.

In Laotses „Buch vom Sinn" findet sich der Satz: „Zur Leitung des Staates braucht man Regierungskunst, zum Waffenhandwerk braucht man außerordentliche Begabung. Um aber die Welt zu gewinnen, muss man frei sein von Geschäftigkeit." Bei Jean Paul lesen wir: „Wer die Laterne trägt, stolpert leichter, als wer ihr folgt."


Strategem 18 scheint auf den ersten Blick eine banale Wahrheit hochgestochen zu thematisieren. Erst wenn man Schicht um Schicht dieser List freilegt, wird die ganze Tragweite des Taktierens deutlich: Es geht um die Ausschaltung des gegnerischen Machtzentrums. Wenn man den Kopf der Bande abgetrennt hat, entsteht in der ursprünglich so mächtigen Gruppe ein Macht- und Sinnvakuum. Und damit werden die gesamten Gruppenstrukturen paralysiert, die zurückgelassene und ihres Hauptes beraubte Menge ist wie gelähmt, lebt im Chaos und kann daher ohne großen Kampf bezwungen werden. Das meint die Freiheit von Geschäftigkeit im oben genannten Zitat.

Hinzu kommt die zweite Bedeutungsebene dieses Strategems, nämlich die Konzentration auf das Wesentliche, im positiven wie im negativen Sinn.

DIE WEISHEIT ANWENDEN

Das Strategem rät also dazu, sich auf das Wesentliche, sobald man es erkannt und definiert hat, mit aller denkbaren Kraft zu konzentrieren und alle Macht aufzuwenden, es zu durchschauen und es sich somit zu eigen zu machen oder zu demontieren. Das Drumherum, die „Heerscharen", sind danach leichte Beute, und viele Probleme lösen sich von selbst.

Zur 18. Strategie gehört die Sammlung von Informationen vorab, die Kenntnis über Schwächen und Stärken des betreffenden Angriffsziels, sei dies nun im übertragenen Sinne ein Prinzip oder eine Struktur oder eine wahrhaftige Person. Nur so kann das Gegenüber an seinem verwundbarsten Punkt getroffen werden.

In der Wirtschaft hat es sich seit Langem bewährt, leitende Köpfe der Konkurrenz durch so genannte Headhunter abzuwerben. Eine ganze Berufs- und Unternehmensgruppe hat sich daraus entwickelt, den Mitbewerber durch „Gefangennahme des Anführers" zu schwächen oder „kampfunfähig" zu machen.

Lehrer werden folgendes Phänomen häufig bemerken: Es gibt einen Klassenkasper bzw. einen Rebellen, der die Stimmung in der Gruppe in die eine oder andere Richtung lenkt. Fehlt er, hat man eine völlig andere Schülerschar vor sich, die sich, ihres Anführers behoben, leichter unterrichten lässt.

In zerstrittenen Beziehungen geht es im übertragenen Sinne darum, dem Partner das zu nehmen oder madig zu machen, was ihm wert und wichtig ist, also „den inneren Anführer". In Gruppen oder Teams werden oft die Fähigkeiten einzelner nicht wahrgenommen und alle Mitglieder in falsch verstandener Demokratie gleich behandelt, was dazu führt, dass einer Gruppe die Kompetenz entzogen wird. Einem Einzelnen wird seine Einzigartigkeit genommen, indem seine besondere Fähigkeit, zum Beispiel sich in andere einzufühlen, als negativ ausgelegte Sensibilität bezeichnet wird. Sich auf die Fähigkeiten jedes Einzelnen in einer Gruppe zu konzentrieren erscheint vielen Unternehmensleitungen aufgrund ausschließlicher Gewinnmaximierung zu aufwändig; dabei wäre es, richtig verstanden, der einzige Weg zum langfristigen Erfolg.

Strategem 19

釜底抽薪

*fu di chou xin*

*Das Feuerholz unter dem Kessel hervorziehen*

### Erläuterung

In diesem Strategem geht es um die Wurzel allen Übels. Der Nährboden des Gegners soll zerstört werden, um ihm selbst jegliche Grundlage zu nehmen. Diese Grundlage bezieht sich nicht nur auf die materiellen Güter wie Lebensmittel, Soldaten und Feuerholz, sondern auch auf die Moral und die psychische Konstitution des Feindes. Ziel muss also in erster Linie sein, die „Holzscheite" zu minimieren. Ein Frontalangriff auf den gestärkten Feind wäre kontraproduktiv, vielmehr rät Strategem 19 zu Besonnenheit und kluger Planung: Wie komme ich als Angreifer an die Ressourcen des Gegenspielers? Kann ich seine Lebensmittelzufuhr kappen, seine Soldaten abziehen, seine Verbündeten gewinnen, sprich seine größten Kräfte schwächen? Erst ein entkräfteter Feind lässt sich mit Erfolg bekämpfen.

Wenn Ideologien, die ein politisches System untermauern, in Frage gestellt oder sogar als Lüge entlarvt werden, kann ein komplettes geistiges Gebäude mit allen Zentren der Macht in sich zusammenstürzen.

### Geschichte

Der kaiserliche General Zhou Yafu, mit der Verteidigung der kaiserlichen Hauptstadt Liang beauftragt, bediente sich einst der 19. Kriegsstrategie, indem er dem gegnerischen Militär die Lieferung von Lebensmitteln und Waffen abschnitt. Anstatt das feindliche Heer direkt anzugreifen und möglicherweise geschlagen zu werden, begann er den Schachzug listig von hinten. Nach dem Raub der Versorgungsgüter ließ er sich mit seinen Leuten in einer Festung nahe der Hauptstadt nieder. Als das gegnerische Militär von der Plünderung erfuhr, kamen die Soldaten derart in Rage, dass sie die Belagerung der Stadt aufgaben und sich auf den Weg zur Festung machten, wo Zhou Yafu sie bereits mit Pfeilen erwartete. Dank des Mangels an Waffen und Lebensmitteln gerieten Moral und militärische Kraft der Feinde schnell ins Wanken. Das Gefecht wurde gewonnen, da dem Gegner das entscheidende „Holz zum Brennen" genommen war.

Eine andere Geschichte erzählt von dem listigen Liu Bang, der seine Soldaten bat, jeden Abend traurige Volkslieder zu singen. Die Gegner unter der Herrschaft von Xiang Yu hatten daraufhin solches Heimweh, dass sie nicht mehr in der Lage waren, in den Krieg zu ziehen. Die psychische Kraft, die die Soldaten am Leben erhalten hatte, ging durch die Traurigkeit dahin.

### DIE WEISHEIT DAHINTER
Bei Laotse findet sich das Wort: „Sind die Waffen stark, so siegen sie nicht. Sind die Bäume stark, so werden sie gefällt. Das Starke und Große ist unten. Das Weiche und Schwache ist oben." Die Bedeutung dieser Aussage in unserem Zusammenhang spielt darauf an, dass es sich bei dieser List um eine *Strategie auf Zeit* handelt, die nicht auf die offene Konfrontation ausgerichtet ist, sondern auf eine langfristige, dafür aber um so effektivere Methode setzt. Einem Gegner den Lebensfaden abzuschneiden, ist nichts anderes, als ihn zugrunde zu richten, ihn zu töten. Die Redewendung bezieht sich auf die Schicksalsgöttinnen, die nach römisch-lateinischer Vorstellung dem Menschen den Lebensfaden spinnen und ihn im Tod wieder durchschneiden. Klotho spinnt den Lebensfaden, Lachesis verwebt ihn und Atropos durchtrennt ihn. In Strategem 19 geht es im Wesentlichen um nichts anderes, als den übermächtigen oder zumindest gleichwertigen Gegner für immer auszuschalten. Ein Krieg zwischen zwei gleich starken Heeren ist sinnlos, er würde sich über eine sehr lange Zeit hinziehen, und am Ende gäbe es nur Besiegte. Daher wählt diese List den radikalen Weg, der dem Gegner buchstäblich den Lebensfaden kappt und ihm „das Brennholz wegnimmt".

In unserer schnelllebigen Zeit haben langfristige Strategien wenig Raum, da sie einerseits mit einem zu großen Risiko verbunden sind, andererseits mit ihnen in den halbjährlichen Unternehmensberichten keine großen Gewinne auszuweisen sind. Dies gilt auch für Regierungen, die in allem Tun und Planen die nächsten Wahlen im Blick haben. Konfuzius sagt in den Gesprächen über den dauerhaften Erfolg: „Man darf keine raschen Erfolge wünschen und darf nicht auf kleine Vorteile sehen. Wenn man rasche Erfolge wünscht, so erreicht man nichts Gründliches; wenn man auf kleine Vorteile aus ist, so bringt man kein großes Werk zustande."

Eine weitere Forderung dieser List ist das Hineindenken in den Feind. Um ihm langfristig den Lebensfaden abzuschneiden, ist es von alles entscheidender Bedeutung, ihn zu beobachten, ihn auszuforschen, sich mit seinen Reaktionen zu beschäftigen und ihn zu analysieren. Dabei geht es nicht darum, wie man selbst denken und handeln würde, sondern es geht um diese starke Form der Einfühlung.

Wie ähnlich einzelne Strategeme in ihrer Stoßrichtung zwar erscheinen mögen, so wichtig ist ihre Ausdifferenzierung. Ging es in Strategem 18 darum, dem Gegner ideell zu schaden, ihm den Anführer zu nehmen, so geht es in diesem Strategem darum, den Feind materiell zu schädigen (Das Feuerholz unter dem Kessel wegnehmen). Insofern scheint Strategem 19 der weit brutalere Weg der Täuschung zu sein, als es bei Strategem 18 der Fall ist. Muss doch hier der gegnerische Führer die Niederlage im Kreis der eigenen Leute durchleben.

### DIE WEISHEIT ANWENDEN

In der Wirtschaft zeigt List 19 goldene Früchte: Wenn Unzufriedenheit und Zwistigkeiten die Mitarbeiter unglücklich machen, werden sie nicht mehr produktiv arbeiten. Wenn die billigen Zulieferer abgeworben werden, ist das beste Produkt in Gefahr, und wenn der kompetente Geschäftsführer den Platz freimacht, gerät die Struktur ins Wanken. Alle diese genannten Beispiele können von außen gesteuert und als Waffe eingesetzt werden. Geschäftliche wie private Beziehungen funktionieren in der Regel nach klaren Prinzipien wie Vertrauen, Achtung, Ehrlichkeit etc. Wird eines davon in Frage gestellt oder gar verletzt, ist sofort das große Ganze gefährdet, der feste Boden beginnt zu wanken.

Die 19. List kann aber auch verkehrt herum erfolgreich eingesetzt werden: Wie viele Menschen straucheln auf ihrem Lebensweg, weil sie sich ihrer familiären Wurzeln nicht bewusst sind und hier und da Lücken verspüren. Klärt man die Situation aber auf, können unerkannte Stärken und psychische Stabilität zurückkehren. Das „Feuerholz" wurde entzündet, und der „Kessel" kann wieder brennen.

Im zwischenmenschlichen Bereich verbirgt sich hinter der Anwendung dieses Stratagems eine abgrundtiefe Verachtung des anderen, sonst würde man nicht den langfristigen, dafür aber um so wirkungsvolleren Weg der „Vernichtung" wählen. Viele gescheiterte Partnerschaften zeigen, auf welch üble Weise dem anderen schon über lange Zeit hinweg Schaden zugefügt wurde. Das ist die Kehrseite der Medaille. Wer von der Wirkung des Stratagems weiß, kann sich auch davor schützen. Gelingen kann dies allerdings nur, wenn man sich in den anderen und seine Gefühle hineinversetzen kann. Und das ist ein sehr langwieriger Prozess, da durch die Veränderungen und Entwicklungen der Einzelnen auch das Einfühlen in jene immer wieder neu „gelernt" werden muss.

STRATEGEM *20*

# 混水摸鱼

*hun shui mo yu*

*Das Wasser aufwirbeln, um Fische zu fangen*

ERLÄUTERUNG
Bei dieser List handelt es sich um die aktive Zerstörung der inneren Ordnung des Feindes. Wer Chaos in seinen Reihen und Unordnung in seinen Strukturen hat, kann nicht mehr klar sehen, gleich den Fischen im trüben Wasser. Das Unruhestiften steht im Fokus der List, eben nicht nur das Ausnutzen einer schon bestehenden Regellosigkeit und Verwirrung, wie es das fünfte Stratagem: „Einen Brand für eine Plünderung nutzen", empfiehlt. Der

Angreifer hat die Aufgabe, den Widersacher im Kern zu erschüttern, ihm etwas vorzumachen, seine Mannschaft zu zersplittern, ihm den Boden unter den Füßen wegzuziehen und ihn somit komplett zu verwirren. Ein Gegner, der sich nicht mehr auf seine eigenen Regeln stützen und verlassen kann, wird automatisch am klugen Handeln gehindert. Er hat reichlich damit zu tun, seine Sinne erneut zu schärfen und auf den Status quo des Kampfes zurückzukommen. Währenddessen kann es dem Angreifer schon gelingen, seine Pläne rigoros zu verwirklichen und den Gegenspieler zu besiegen. Oder aber er nutzt die Zeit der gegnerischen Konfusion, um weiter Unruhe zu stiften und bewusst Brandherde zu legen.

Das gezielte Streuen von Gerüchten sowie das Verbreiten von Lügen gehört zu diesem Strategem. Sowohl im Berufsleben als auch in privaten Beziehungen kann so die Aufmerksamkeit des Gegenspielers abgelenkt werden und seine eigentliche Intention sabotiert und verhindert werden. Die Pläne des Angreifers lassen sich schneller verwirklichen, wenn der Gegner für kurze Zeit anderweitig beschäftigt ist.

### GESCHICHTE

Die chinesische Geschichte überliefert folgendes Geschehen: Yuan Shao und Cao Cao standen sich in der Schlacht von Guando als erbitterte Gegner gegenüber. Cao Cao war dem Feind militärisch weit unterlegen, ein direkter Kampf konnte also nur in den Ruin führen. Da besann sich Cao Cao des 20. Strategems: Er trat verkleidet mit seinen Soldaten ins feindliche Lager ein und ließ in den Kornspeichern des Gegners Feuer legen. So lenkte er die Aufmerksamkeit Yuan Shaos auf diesen Überfall. Die Männer gerieten in Aufruhr, und an ein planvolles Handeln war nicht mehr zu denken. Die Soldaten, in Sorge um ihre Ernährung, eilten herbei, um das Feuer zu löschen. Doch inmitten der Flammen erwartete sie die Armee Cao Caos: Der Fisch konnte gefangen und der Gegner besiegt werden.

### DIE WEISHEIT DAHINTER

Das Adjektiv *trüb* bedeutet „lichtlos, düster", es ist verwandt mit dem Adjektiv dickflüssig. Im Verb *trüben* steckt das Wort „verwirren". Wer im Trüben fischt und dort die Beute sucht, wird selbst nicht gesehen, er bleibt im Schutz der Dunkelheit, und dort kann er in Ruhe seinen Raub vollenden und weiterhin Verwirrung stiften. Der Gegner allerdings wird durch die Düsternis geschädigt: Wenn einen Menschen die Gefühle übermannen – wie in Stefan Zweigs Novelle „Verwirrung der Gefühle" –, dann ist er sich seiner Wahrnehmung nicht mehr sicher. Er hat sein inneres Gleichgewicht verloren.

In den Zeiten des Umsturzes gab es nicht wenige, die versuchten, im Trüben zu fischen und schnell reich zu werden, heißt es in Thomas Manns Roman Buddenbrooks. Dieses Wort kommt der Bedeutung und Zielrichtung unseres Strategems schon sehr nahe. Denn beide Aspekte, einerseits Verwirrung zu stiften und andererseits in dieser Verwirrung zu fischen, also Gewinn zu machen, sind die beiden wirkungsvollen Stoßrichtungen des Strategems.

Unter Chaos ist ein unendlich leerer Raum zu verstehen, eine gestaltlose Urmasse. Bewusst und gezielt eine geordnete Welt in ein Chaos zu stürzen, bezweckt die Auflösung aller Strukturen. Auf soziale Gebilde übertragen, bedeutet dies, dass die Menschen ihre gesamten Sicherheiten verlieren. Zu viele Befehle verwirren den Hund, lautet ein afrikanisches Sprichwort. Von welcher Seite auch immer diese Befehle kommen mögen. Auch sie zielen auf die Auflösung von Sicherheit ab. Der Einzelne ist mit seinem Wissen und seiner Erfahrung, seiner Individualität, nicht gefragt. Es geht um die Vermassung, um das Unruhestiften, um die Unordnung. Eine chaotische Gesellschaft ist letztendlich nicht mehr zu steuern, sie ist dem Untergang geweiht. In unserem Strategem geht es um die totale Vernichtung des Gegners auf die gemeinste Weise, und dies ohne großes Blutvergießen. Man denke an Naturkatastrophen, die ähnliche Zustände auslösen können, wenn es nicht immer wieder helfende Hände gäbe, die die ziellos umherirrenden Menschen in geordnete Bahnen lenkten.

### DIE WEISHEIT ANWENDEN

Oftmals wird übermäßiger Alkoholgenuss dazu missbraucht, um vom Gegner einen Kontrakt unterschreiben oder bei einer Wette einschlagen zu lassen. Die Sinne des Gegners werden bewusst getrübt, um ihn zu bestimmten Reaktionen oder Entscheidungen zu überreden, sprich: um „die Fische zu fangen". Zauberer und Clowns arbeiten auf sehr entspannte Art und Weise mit der 20. List: Sie lenken den Zuschauer vom eigentlichen Geschehen ab, um ihn hinterrücks zu begeistern oder zu ärgern. Der Zauberkünstler lässt beispielsweise die Münze im Ärmel verschwinden, aber parallel ein seidenes Tuch in die Luft schweben. Der Zuschauer weiß nicht, worauf er achten soll, die Münze ist verschwunden und das Kunststück gelungen. Der Clown schenkt der Dame die Blume und spritzt sie im selben Augenblick mit Wasser voll. Während der Ablenkung durch die Blume geht etwas völlig Unerwartetes vor sich.

Im täglichen Leben sind Brandstifter – ähnlich wie in Max Frischs „Biedermann und die Brandstifter" – die Zerstörer der Kultur, des Zusammenlebens, der Beziehungen, der Moral, der Gewissheiten, der verlässlichen Gefühle, des Vertrauens in den Mitmenschen und schlussendlich in sich selbst. Insofern ist die „menschliche" Brandstiftung, also die bewusste Zerstörung der menschlichen Bindungen so ziemlich das Grausamste, was man sich vorstellen kann.

Erscheinungsformen sind Mobbing am Arbeitsplatz, in der Schule, in Freundschaften, im Verein. Es ist ferner die bewusste Streuung von Gerüchten und deren aktive Verbreitung, die Verleumdung, die unberechtigte Kritik in aller Öffentlichkeit. Man denke nur an so manche Show im Fernsehen, bei denen junge Menschen vor aller Öffentlichkeit ihrer gesamten Würde beraubt werden und die jungen Leute dies auch noch mit sich geschehen lassen.

Emotionale Brandstifter sind nicht nur in der Medienwelt im Einsatz, sondern in nahezu allen Bereichen des menschlichen Zusammenlebens. Man erkennt die Unruhestifter leicht an der gesteigerten Intoleranz, die oft unter dem Deckmantel der Moral daherkommt.

STRATEGEM 21

金蝉脱壳

*jin chan tuo qiao*

*Die goldene Zikade entschlüpft ihrem Panzer*

### ERLÄUTERUNG

Die Zikade entschlüpft ihrem Panzer wie der Schmetterling dem Kokon. Sieht der Beobachter allerdings nicht genau hin, scheint alles beim Alten zu bleiben, denn die Hülle liegt unbewegt am gleichen Platz. An diesem faszinierenden Naturschauspiel orientiert sich Strategem 21 und nimmt es als Vorbild. Der Schein soll trügen und dem Widersacher etwas vorspielen, ihn über den tatsächlichen Tatbestand hinwegtäuschen. Für die Kriegssituation wird also folgende Szene aufgebaut: Der Gegner soll das Gefühl haben, alles bliebe bestehen, obwohl der Angreifer schon längst unbemerkt, weil nicht erkannt, seinen Plänen nachgeht. Der Angreifer kann als Variante einen verdeckten Rückzug vollziehen: Er gibt vor, inmitten des Angriffs zu stehen, indem er die Soldaten zunächst aufmarschieren lässt, um sie dann, wenn der Gegner reagiert, sofort umdrehen zu lassen. Er befreit sich also aus einer vertrackten Lage, indem er ein Theaterstück inszeniert. Oder aber der Angreifer mimt einen Stillstand und schießt zum Beispiel mit einer kleinen Mannschaft aus dem Hinterhalt hervor.

Entscheidend ist auf jeden Fall die Täuschung des Feindes. Er erwartet etwas völlig anderes als das, was sich ihm letztlich zeigt. Er betrachtet den „Panzer", während sich die „Zikade" längst an einem anderen Ort befindet. Das verschafft dem Angreifer Zeit.

### GESCHICHTE

Die chinesische Geschichte während der ausgehenden Han-Dynastie erzählt von dem starken General Lu Bu, der unter Yuan Shao wirkte und ihm half, eine Rebellion gegen ihn zu vereiteln. Dennoch hatte Yuan Shao Angst vor dem listigen und zügellosen Lu Bu. Er befahl ihm, das Reich umgehend zu verlassen. Um ihn aber ganz aus dem Weg zu räumen, bot Yuan

Shao Lu Bu Soldaten zum Geleit an. Diese hatten die Aufgabe, Lu Bu umzubringen. Doch Lu Bu witterte die Gefahr und ersann eine List: Da er bekannt dafür war, wunderbar Zither spielen zu können, bat er einen seiner Untergebenen, für ihn zu musizieren, und stahl sich des Nachts davon. Als das Zitherspiel aufhörte, eilten die Soldaten Yuan Shaos in das Zelt Lu Bus und schlugen auf die Bettstatt ein, wo sie den Feind vermuteten. Dieser Akt erwies sich als wirkungslos, denn unter der Decke lag gar kein Mensch. Lu Bu war bereits geflohen und mit ihm seine Soldaten.

### DIE WEISHEIT DAHINTER

Oft ist es nur die bloße Hülle, die reine Oberfläche, die Menschen von einem Ereignis wahrnehmen. Wer blickt schon dahinter? Im platonischen Höhlengleichnis erleben die Gefangenen den Schatten der vorbeiziehenden Menschen als Realität, sie können die Wahrheit dahinter nicht erkennen. Für sie ist das, was sie mit ihren Augen sehen, die Wahrheit; daran gibt es nichts zu zweifeln. Denn jeglicher Zweifel würde alles ins Wanken bringen, nichts wäre mehr so, wie es war.

Wilhelm Busch wusste Schein und Sein auf seine ganz spezielle Art deutlich zu machen:

> Mein Kind, es sind allhier die Dinge,
> gleichwohl, ob große, ob geringe,
> im Wesentlichen so verpackt,
> dass man sie nicht wie Nüsse knackt.

> Wie wolltest du dich unterwinden,
> kurzweg die Menschen zu ergründen.
> Du kennst sie nur von außenwärts.
> Du siehst die Weste, nicht das Herz.

Den Menschen ins Herz zu sehen, die frommsten und auch die niedrigsten Beweggründe zu erforschen, würde vieles Handeln einfacher und zielgerichteter machen. Doch ist für den Menschen im alltäglichen Lauf des Lebens nur die Oberfläche erkennbar. Menschliches Denken wäre komplett überfordert, wenn es erst die vielen Facetten der Realität und die zahlreichen Motive menschlichen Tuns durchblicken müsste, um richtig zu reagieren. Somit darf der „Panzer der Zikade" auch als Schutz verstanden werden.

Die Flucht aus dem Panzer ist getragen vom Gedanken der Freiheit. In der philosophischen Reflexion darüber geht es dabei zunächst um die Freiheit *von* etwas, um dann zur Freiheit *für* etwas zu kommen. Voraussetzung für die Freiheit ist also, sich zunächst von etwas zu lösen. Die Loslösung des Menschen von allen nur möglichen Beklemmungen, Einschränkungen, Zwängen und Unterdrückungen ist das zentrale Programm der Humanität. Es ist lohnenswert, sich die Struktur der Befreiung auch für sich selbst, in der Familie oder in abhängigen Beziehungen näher anzusehen. So wie sie sich dort zeigt, funktioniert sie auch im Großen. Vor der Befreiung steht immer die große Frage: Wovon will ich mich befreien? Ist es nur eine Äußerlichkeit, eine Formalie? Oder geht es mir bei der Befreiung um den Kern, ohne den ich nicht atmen, nicht leben kann. So wie es bei der Zikade der Fall wäre. Bei ihr geht es nicht darum, ob die natürliche Umgebung schön oder laut oder dunkel oder hell ist. Ihr lässt die Befreiung vom Panzer nur die Entscheidung zwischen Leben und Tod. Es geht hier folglich um die wirklich existenziellen Fragen des Lebens.

Der zweite Bedeutungsstrang dieses Strategems ist der Stellvertreter-Aspekt: Der zurückgelassene Panzer steht für das längst entflogene Insekt. In diesem Fall ist der Stellvertreter völlig wertlos. Letztendlich ist es eine Strohpuppe, eine unbelebte und seelenlose Hülle, auf die die Angreifer treffen, die ihren Sieg schon in der Tasche glauben. Und verbunden ist der Rückzug mit dem „Gesang" der Zikade, und auch darauf fallen die Angreifer herein. Die Befreiung aus dem Panzer muss vor allem zum richtigen Zeitpunkt passieren, sie darf nicht zu früh und auf keinen Fall zu spät erfolgen, sonst ist die Zikade nicht überlebensfähig, oder aber sie erstickt an ihrem Panzer, sprich an sich selbst.

DIE WEISHEIT ANWENDEN

List 21 ist auf vielerlei Weise anwendbar: Den Schein zu wahren ist im täglichen Auf und Ab durchaus nützlich: „So tun, als ob", ist ein beliebtes Spiel bei Kindern. Welche Eltern haben ihren Sprössling nicht schon beim Comiclesen ertappt, während er zum Schein das Mathematikbuch in den Händen hielt? Welche Kinder lieben nicht den Glanz der Verkleidung?

Eltern, die im Begriff sind, sich zu trennen, versuchen so lange wie möglich, den Kindern diesen belastenden Zustand zu verheimlichen. Die Hülle der Sicherheit bleibt bestehen, während der Inhalt längst zersplittert ist. Die Anwendung von Strategem 21 birgt hier eine Art Schutzmantel für die Kinder.

Alarmanlagen, die nach dem Rhythmus einer Zeitschaltuhr eine Wohnung illuminieren, sollen dem Einbrecher vorspielen, der Besitzer wäre zuhause. Das gekünstelte „Lichtspiel" ist der bloße „Panzer", der die Anwesenheit der „Zikade" (des Bewohners) vorgaukeln will.

Der Schein eines funktionierenden Systems wird auch in großen Firmen, ja sogar in Staaten zur Täuschung anderer missbraucht: Solange die Untergebenen oder die Mitarbeiter nicht über die belastende Lage Bescheid wissen, werden sie nicht rebellieren oder die Wahrheit ans Licht bringen. Das verschafft einen zeitlichen Vorsprung und bietet sogar die Möglichkeit, alles wieder ins Reine zu bringen, bevor die Seifenblase platzt.

Stellvertreterkriege und Strohpuppen sind heute in nahezu allen wirtschaftlichen Prozessen an der Tagesordnung. Da wollen kleinere Mitbewerber den übermächtigen Konkurrenten feindlich übernehmen, wie es so schön heißt. In einer von Medien beherrschten Welt werden die Stellvertreterprozesse in der Wirtschaft allerdings immer schwieriger.

STRATEGEM 22

# 关门捉贼

*guan men zhuo zei*

*Die Türe schließen, um den Dieb zu fassen*

## ERLÄUTERUNG

Strategem 22 arbeitet mit der klassischen Falle. Das Problem bei einem normalen Kampf ist es, dass der Gegner oft nicht richtig eingeschätzt werden kann, dass der Angreifer nichts von den Plänen des Feindes weiß, nichts von der Stärke der Truppen und nichts von den Mengen der Waffen und Lebensmittel. Strategem 22 zielt speziell auf dieses Manko ab und gleicht es aus. Der Feind wird in einen Hinterhalt gelockt, umzingelt oder in ein Haus, eine Burg geführt, die keine Fluchtmöglichkeit mehr zulässt. Der Angreifer wird dadurch umgehend Herr der Lage, die Versorgung des Feindes ist abgeschnitten, ihm ist jeglicher Rückzug verwehrt. Es geht bei List 22 darum, den Widersacher komplett zu zerstören und ihm keine Chance zu lassen.

Dieses Strategem bedarf einer exakten Planung und Organisation, denn nicht auf jedem Kampfplatz findet sich ein Raum, der – bildlich gesprochen – abgeriegelt werden kann. Der Gegner muss also zunächst durch kluges Handeln dorthin gelockt werden, wo dann die Falle zuschnappen kann. Auch die Wachposten müssen genauestens unterrichtet sein, keine Lücke im System darf klaffen, sonst scheitert der Plan. Der Feind darf nicht entkommen, denn „ein verwundetes Tier hat ungeahnte Kräfte" und wird zurückschlagen.

Natürlich zielt List 22 nicht nur auf das räumliche Einengen des Widersachers ab, auch dessen Psyche kann so lange unter Druck gesetzt werden, bis er sich entweder ergibt oder aber in lethargischer Widerstandslosigkeit besiegt werden kann.

## GESCHICHTE

Die Erzählung zu Strategem 22 schildert eine der grausamsten Kampfsituationen der chinesischen Geschichte: den Krieg zwischen dem Reich Zhao und dem Reich Qin. Nachdem Bai Qis Vorgänger Fan Sui den ersten Führer der Zhao, Lian Po, durch geschicktes Streuen von Gerüchten vernichtet hatte, kam Zhao Kuo an die Macht. Bai Qi, Heerführer der Soldaten aus Qin, sah sich im Vorteil, hatte er den Kampf und den Angriff auf Zhao doch bestens geplant. Der junge Zhao Kuo war Bai Qi intellektuell weit unterlegen, und doch führte der Mann aus Zhao ein stattliches Heer von 400.000 Mann in den Krieg. Bai Qi ließ die Soldaten aus Zhao zunächst einmal in verschiedenen Scharmützeln gewinnen, um sie in Sicherheit zu wiegen. Hoch motiviert ließ Zhao Kuo seine Armee weiter voranschreiten, als es zum alles entscheidenden Vernichtungsschlag Bai Qis kam: Er ließ Zhao Kuos Leute hinterrücks angreifen und schnitt dem Nachschub den Weg ab. An der Vorderfront begannen die Männer aus Qin ihr brutales Werk. Als Zhao Kuo mit 5000 Soldaten einen Ausbruch wagte, ließ man ihn und all seine Begleiter umbringen. Die verbliebenen Soldaten waren eingekesselt und starben den Hungertod. Die, die nicht verhungert waren, ließ Bai Qi bei Nacht und Nebel köpfen: 400.000 Soldaten starben in einer Schlacht. Einzig 240 junge Männer ließ Bai Qi ziehen, damit sie im Reich Zhao die entsetzliche Nachricht verbreiteten.

DIE WEISHEIT DAHINTER

Strategem 22 ist äußerst grausam, da es die völlige Vernichtung des Gegners zum Ziel hat. Eine solche Vernichtung ist nach westlichem Verständnis nur schwer zu akzeptieren, zumal, da uns unsere eigene jüngste Geschichte in vielerlei Hinsicht lehrt, dass es nie wieder so weit kommen darf. Ein derartiger Sieg über den Gegner – wie ihn die Hintergrundgeschichte zu Strategem 22 berichtet – zerstört nicht nur den Feind, sondern auch den Sieger. „Ohne das Salz der Niederlage sind Siege ungenießbar", formuliert der deutsche Schriftsteller Peter Tille. In diesem Sinnspruch steckt ein wenig von der Ehrfurcht für den Gegner. Und da sollte die Gnade gegenüber dem Widersacher doch den höheren Wert darstellen als seine totale Zerstörung. Bei Laotse findet sich der Satz: „Gnade ist etwas Minderwertiges. Man erlangt sie und ist wie erschrocken." Dieses Erschrecken sei aber nur möglich, wenn man hinter der Gnade die Person sehe. Und insofern ist eine derartige

Vernichtung, wie in Strategem 22 als List geschildert, nur möglich, wenn man dem Gegner dabei nicht in die Augen sehen
muss. Nur so kann man ihm seine Freiheit rauben und damit
auch seinen Lebensatem. Denn – so Ho Chi Minh – „die Nöte
des Menschen sind ohne Zahl. Und doch kann ihm nichts
Schlimmeres zustoßen als der Verlust der Freiheit".

Das listige Weglocken vom sicheren an einen für den Angreifer geeigneten Ort, wo er den Gegner einkesseln und vernichten kann, verlangt eine Überlegenheit in geistiger Hinsicht.
Und es ist die langfristige Beobachtung, Analyse und strategisch kühle Planung notwendig, wie der Feind am besten be-
drängt werden könne. Hier haben Dilettantismus, Verzettelung,
Ängstlichkeit, Unentschlossenheit und Zweifel keinen Platz.

### DIE WEISHEIT ANWENDEN

In der Politik finden wir Strategem 22 beim Aufbau der
Regierung: Eine handlungsfähige Regierung kann nur zustande kommen, wenn sich Parteien finden, die miteinander agieren können. Da dies nicht immer der Fall ist, werden Bündnisse
geschlossen, auch wenn sie für das Volk höchst ungewöhnlich
erscheinen mögen. „Entweder ihr regiert mit uns oder ihr
kommt gar nicht zum Zug", so kann man sich wohl die Geldan-
ken der stärksten Machthaber vorstellen. „Die Tür wird geschlossen, oder ihr arbeitet nach unseren Vorgaben."

Menschen in die Ecke zu drängen, ist allerorts ein beliebtes
Mittel zum Zweck. Bei Verhandlungen gilt häufig das Prinzip:
So oder gar nicht! Entweder ich bekomme dies oder das, oder
es wird diese oder jene Konsequenzen haben. Die Strategie
funktioniert in der Kindererziehung genauso wie in der
Partnerschaft oder im Beruf.

Zwischen Partnern wird oft ein Ultimatum gesetzt, um etwas zu erreichen. Sätze folgender Art klingen zwar nicht listig,
entsprechen aber weitgehend Strategem 22: „Entweder du ent-
scheidest dich für ein Kind, oder ich gehe", „Entweder meine
Eltern sind dabei, oder du kannst allein feiern", „Entweder wir
fahren ans Meer, oder ich bleibe ganz zuhause." Der Partner
hat auf jeden Fall keine Möglichkeit, „das abgeriegelte Haus zu
verlassen", es gibt keinen Plan B. Die vom Partner vorgeschla-

gene Lösung ist scheinbar die einzige, die zum Ziel führt. Oft zeitigen solche Auseinandersetzungen unbehebbare Kollateralschäden: Strategem 22 führt also nur zum Sieg, wenn man dem Gegenüber in jeder Hinsicht überlegen ist. Nur ein ohnedies schon schwächerer Gegner kann eingekesselt und vernichtet werden.

In den alltäglichen zwischenmenschlichen Beziehungen dürfte dieses Strategem nur in Teilbereichen ohne Skrupel angewendet werden. Allerdings scheint es in vielerlei Hinsicht in wirtschaftlichen Bereichen zum Zuge zu kommen. In solche Verbindungen passt das Strategem ja auch, da sich die Gegner nicht in die Augen sehen müssen. Fände der Kampf unter vier Augen statt, bekäme er ein *Gesicht* und wäre damit nicht mehr so leicht auszutragen.

STRATEGEM 23

# 远 交 近 攻

*yuan jiao jin gong*

*Freundschaft mit einem fernen Partner schließen, um Feinde in der Nachbarschaft anzugreifen*

ERLÄUTERUNG

Die Grundlage, auf der die 23. Kriegslist basiert, ist die Bedeutsamkeit weise geschlossener Freundschaften. Selbstlosigkeit hat hier keine Basis, es soll um Bündnisse gehen, die Früchte tragen, Vorteile schaffen und Nutzen bringen. Deshalb rät Strategem 23 dazu, sich besonders in der Ferne Freunde zu suchen, die einen im Zweifelsfall Unterstützung bieten können, einen im Alltagsgeschäft aber in Ruhe lassen. Krieg in der Fremde zu führen, würde viel zu viele Ressourcen abziehen, Risiken bergen und Energie kosten. Sollten sich die fernen Freunde allerdings irgendwann durch Landgewinn in räumliche Nachbarn verwandeln, kann das scheinbare Bündnis im Nu aufgekündigt werden, und der Freund wird zum Feind.

Die Nachbarn also sind Ziel des Angriffs, denn sie haben die gleichen Vorsätze und machen dem Angreifer Land und Leute streitig. Zu viele Interessenskonflikte belasten die Nachbarschaft. Sie aus dem Weg zu räumen, ist Hintergrund der List. Natürlich sollen klug ausgewählte Bündnispartner im Kampf gegen den Nachbarn helfen und ihre militärischen wie versorgungstechnischen Möglichkeiten anbieten, deshalb wurde die „Freundschaft" ja geschlossen.

GESCHICHTE

Jedes Land verfügt über eine lange Reihe von Erzählungen über Bündnisse und Freundschaften im Kampf. Fan Sui, neu gewählter Premierminister des Reiches Qin, sah sich im Jahre 265 v. Chr. sechs starken Gegnern gegenüber, die sich im Jahre 332 v. Chr. schon gegen das Reich Qin verbündet hatten. Fan Sui wurde vom König um Rat gebeten, wie man am besten gegen die Feinde vorgehen könne. Fan Sui schlug vor, sich mit den am weitesten entfernten Staaten Chu und Qi zu verbünden, um die benachbarten Staaten Wei und Han zu schlagen. Würde man die Länder in der Ferne angreifen, könnte man in den Hinterhalt geraten oder aber viele Soldaten einbüßen, in der Nähe dagegen seien das Gelände bekannt und die Wege überschaubar. Es geschah, wie Fan Sui es erdacht hatte. Wei versuchte noch, Fan Sui zu bestechen, schickte für diesen Zweck allerdings den größten Erzfeind des Premierministers, einen Mann namens Xu Jia. Ein großer Fehler, denn Fan Sui war von bitterer Rache erfüllt. Xu Jia hatte Fan Sui einst in den Kerker werfen lassen, und so ließ Fan Sui Xu Jia ausrichten, er werde Wei angreifen, es sei denn, das Reich schicke den Kopf des Premierministers von Wei. Die obersten Herren in Wei bekamen solche Angst, dass sie tatsächlich den Wünschen Fan Suis nachkamen und den Kopf lieferten. Fan Sui ließ nach diesem Erfolg alle Staaten nach und nach angreifen, auch die beiden Staaten, die zunächst als Bündnispartner erwählt wurden. Zuletzt kam der „befreundete" (verbündete) Staat Qi an die Reihe. Wie in einer Art Domino-Effekt fiel Reich für Reich an den Staat Qin, der damit eine neue Dynastie gründete. Das zeigt, dass auch das interessanteste Bündnis nur so lange hält wie es von Nutzen ist.

DIE WEISHEIT DAHINTER

Freundschaft stellt in allen zivilen Gesellschaften einen ethisch hohen Wert dar. So formulierte Epikur bereits um etwa 300 v. Chr.: „Unter allem, was die Weisheit zum glücklichen Leben beiträgt, ist nichts größer, nichts fruchtbarer, nichts freudenvoller als die Freundschaft … Man muss, um eine Freundschaft zu gewinnen, auch etwas wagen." Und Konfuzius sagt unter anderem über die Anerkennung des Nächsten: „Mache Treu und Glauben zur Hauptsache. Habe keinen Freund, der dir nicht gleich ist. Das Wesen der Freundschaft beruht auf unbedingter Aufrichtigkeit. … Die Freundschaft soll dazu dienen, dass man sich gegenseitig auf liebevolle Weise im Guten fördert."

Strategem 23 arbeitet zwar mit dem Begriff der Freundschaft, tatsächlich aber handelt es sich keineswegs um Freundschaftsbande, sondern um ein Zweckbündnis. Man schließt eine strategische Allianz, um den Gegner besser in die Zange nehmen zu können. Die Freundschaft auf Dauer zu schließen war von einem der Partner zu keiner Zeit geplant. Im Gegenteil: Der weit entfernte Freund wird ganz bewusst instrumentalisiert, um die eigenen Ziele zu erreichen, nämlich zunächst den Nachbarn und in der Folge dann auch noch den „Freund" zu unterwerfen. So wird im fernen Freund von Anfang an der spätere Gegner gesehen. In Schillers Wilhelm Tell heißt es an einer Stelle: „Verbunden werden auch die Schwachen mächtig." Das ist das Ziel, um das sich alles Bemühen in Strategem 23 dreht.

Und ein weiterer Aspekt, der dieses Strategem in vielerlei Hinsicht so interessant macht, ist das Verständnis von Nähe und Entfernung oder Nähe und Distanz. Die Freundschaft oder das Bündnis wird mit einem weit entfernten Partner geschlossen, während der Nachbar in unmittelbarer Nähe zum Feind und zum Ziel des Angriffs erklärt wird.

Diese Dynamik entspricht zutiefst menschlicher Schwäche: Im Umgang mit dem Allernächsten gibt es notgedrungen mehr Reibungs- und Streitpunkte. Dem weit entfernten Freund dagegen kann man sich von seiner Schokoladenseite zeigen und so manchen Konflikt bewusst „übersehen".

DIE WEISHEIT ANWENDEN

In der Politik ist Handeln ohne Strategem 23 nicht denkbar. Bündnisse zwischen Ländern werden aus taktischen Gründen geschlossen und nicht aus Freundschaft. Sollten sich die Gegebenheiten ändern und die Wege auseinandergehen, werden auch die gegenseitigen Bindungen nichts mehr bedeuten. In schwierigen Situationen kann man sich der Unterstützung des Bündnispartners sicher sein, wenn nicht diverses Kleingedruckte in den Bündnisverträgen die aktive Hilfe von Anfang an erschwert.

Im persönlichen Bereich sind klug gewählte Freundschaften unabdingbar für ein gelungenes Leben. Vitamin B ist das Schlagwort schlechthin, wenn es um Chancen im Leben geht: der vorgezogene Arzttermin, das trotz Verspätung angenommene Bewerbungsschreiben, der neue Job, die Beförderung, die schneller als beim Kollegen erfolgt etc. Nahezu in jeder Lage kann die Wahl der Menschen, die einen umgeben, Einfluss auf den Lebensweg haben. Im übertragenen Sinn wird auch bei den genannten Beispielen der nächste Nachbar, sprich der Mensch mit den gleichen Ansprüchen, übergangen, denn man verschafft sich ihm gegenüber einen Vorteil, der eigentlich unlauter ist. Auch Verbindungen zwischen großen Firmen können den kleinen Einmannbetrieb, den Nachbarn also, in den Ruin treiben.

Freundschaft mit weiter entfernt liegenden und Feindseligkeit – zumindest Gleichgültigkeit – gegenüber dem unmittelbaren Nachbarn zeigen sich sehr oft im Reihenhaus- oder Doppelhaus-Milieu. Durch die gute Beziehung zu den räumlich distanzierten Menschen kann man die dominierende Enge der direkten Nachbarschaft leichter ertragen.

STRATEGEM 24

# 假途灭虢

*jia dao fa Guo*

*So tun, als wäre man auf der Durchreise, um Guo zu erobern*

## ERLÄUTERUNG

„Sein eigenes Grab schaufeln", daran erinnert Strategem 24. Der eine Gegner wird dazu veranlasst, dem Angreifer einen Durchlass zu gewähren, um einen anderen gemeinsamen Widersacher auszuschalten. Der Angreifer spielt dem einen Gegner Freundschaft vor und bittet ihn dabei unterwürfig um Hilfe. Nachdem der eine Feind unterworfen ist, kommt auch das Reich an die Reihe, das seine Unterstützung angeboten hatte. Kurz gesprochen: Man nützt die Hilfsbereitschaft des „feindlichen Freundes" aus, um erst den gemeinsamen Gegenspieler und dann den Freund selbst aus der Welt zu schaffen. Die Durchschlagskraft des Verbündeten wird dazu gebraucht, den gemeinsamen Feind zu bekämpfen. Dies hat zwei Vorteile: Erstens wird der potente Partner während der Kämpfe geschwächt, denn er hält Soldaten, Waffen und Lebensmittel zur Unterstützung bereit. Zweitens gewährt er dem Angreifer einen Lagerplatz und Einblicke in sein Handeln. Wenn der Angreifer einmal das Vertrauen des scheinbaren Bündnispartners gewonnen hat, dürfte es nicht schwerfallen, ihn bei der nächstbesten Möglichkeit zu übervorteilen und ans Messer zu liefern.

## GESCHICHTE

Einst erbat der Staat Jin vom Staat Yu das Recht zum Passieren, um den Staat Guo anzugreifen. Reichlich Geschmeide, Pferde und Jade sollten als Bestechung genügen, um das Königreich Yu zu missbrauchen. Der König von Yu gewährte nicht nur den Wunsch nach einem Weg, sondern stellte dem Wachposten von Guo auch noch eine Falle, indem er dem arglosen Mann einen Wagen schickte, worin sich schwer bewaffnete Soldaten aus Jin befanden. Nach einer langen Belagerung durch die Armee von Jin gaben die Soldaten von Guo schließlich auf. Zum Dank schenkte das Reich Jin dem König von Yu einen Teil der Beute. Daraufhin lud der König von Yu den König von Jin zu einer Jagd ein. Während der König in den Wäldern weilte und mit ihm seine edelsten Tiere und besten Männer, ließ Jin die Hauptstadt von Yu hinterrücks einnehmen und hatte im Handumdrehen auch den vermeintlichen Bündnispartner unterjocht.

### DIE WEISHEIT DAHINTER

Die zentrale ethisch-moralische Frage, die Strategem 24 aufwirft, ist die bewusste Verschleierungstaktik, um ein bestimmtes Ziel zu erreichen. Diese Strategie versucht mit allen Mitteln zu verhindern, dass bestimmte Informationen oder Tatsachen bekannt werden. Bei Strategem 24 bezieht sich die Verschleierung auf drei Bereiche: Zunächst beruft sich der Angreifer auf seine Freundschaft zum Nachbarn. Dies ist das erste Täuschungsmanöver. Die zweite Ebene der Verschleierung ist die Ausnutzung des Nachbarn. Die dritte Ebene der Verschleierung schließlich ist die Unterwerfung des Bündnispartners. Insofern wird hier eine sehr tiefgreifende Täuschung beschrieben, die die Grundwerte des sozialen Lebens zerstört: das Vertrauen. Ein chinesisches Sprichwort sagt: „Wer kein Vertrauen in andere hat, findet, dass sie keins in ihn haben." Strategem 24 operiert ganz bewusst mit diesem Vertrauensvorschuss, mit diesem Bonus auf eine zu erbringende Leistung. Diese Leistung wird aber dann nicht nur nicht erbracht, sondern auch noch auf eine sehr herbe Art und Weise ins Gegenteil verkehrt und zerstört.

Den kleinen Finger wollen und die ganze Hand nehmen, ist bereits ein Vertrauensbruch im Kleinen. Vertrauen in einen Menschen ist ein Zeichen von Mut, blindes Vertrauen allerdings ein Zeichen von Dummheit, wie ein altes Sprichwort sagt.

### DIE WEISHEIT ANWENDEN

Die List rät dazu, sich überall Freunde zu machen, denn allein bis zum gesteckten Ziel zu kommen, ist meist schwer oder gar unmöglich. Und warum sollte man sich auch die Mühe machen und all sein Kräfte aufbrauchen, wenn doch hier und da

Menschen bereitstehen, die gerne ihre Ressourcen teilen, wenn auch unbewusst oder unfreiwillig.

Wenn Mitarbeiter stets freundschaftlich im Umgang mit anderen waren, erhalten sie auch in „besonderen" Momenten Einblicke in Arbeitsbereiche, die ihnen sonst verwehrt geblieben wären. Einem netten Kollegen wird ohne Argwohn eine Information gegeben. Dieser Informationsfluss öffnet bisher verschlossene Türen und erleichtert den Weg auf der Karriereleiter. Man kommt also auf Umwegen zum Ziel, da man die Stärken anderer für sich nutzen kann.

Nach dem gleichen Prinzip funktioniert das den meisten Menschen verhasste „Anbiedern": Jemand lässt sich bewusst auf das „Niveau" und auf die Sprache anderer ein, um Informationen und den Zutritt zu unbekanntem Terrain zu erlangen. Ob dies nun Eltern tun, um Einblicke in das Treiben ihrer Kinder zu bekommen, oder Spione, die Staatsgeheimnisse weitergeben: Nie steht die zwischenmenschliche Beziehung im Vordergrund, sondern stets der Nutzen dahinter. Hat man erreicht, was man wollte, wird der scheinbare Freund, die scheinbare „Ähnlichkeit im Geiste" drangegeben, ähnlich einem Vampir, der das Blut des Gegners zur „Belebung" benötigt, um ihn, damit gestärkt, zu übervorteilen.

Im Krieg ist die 24. Strategie gang und gäbe: Wie oft wird ein stärkerer Partner dazu benötigt, Schutz zu gewähren und Stabilität zu vermitteln, gewissermaßen eine Basis zum Kampf oder einen Durchzug bereitzustellen. Geht man dann als Angreifer gestärkt aus dem Kampf hervor, muss sich der Retter „warm anziehen", ist doch der ehemals schützenswerte „Freund" wie Phönix aus der Asche zu neuem gefährlichem Leben erwacht.

Der Verkauf von Waffen an militärisch schlecht bestellte Länder kann sich zum Beispiel schnell als großer Fehler entpuppen. Haben manche Staaten erst einmal aufgerüstet, verkehrt sich das Kräfteverhältnis ins Gegenteil und man kann sich der ehemals „Schwachen" nur noch schwer erwehren.

Auch in einer Partnerbeziehung führt der Weg über einen Dritten oft zum Ziel. Vielleicht kann der geheimnisvolle Dritte ein gutes Wort einlegen oder den Partner milde stimmen. Ist dann die Ehe wieder im Lot, hat auch der beste Verbündete keinen Einfluss mehr.

Auch Freundschaften leben von der Ausgewogenheit von Geben und Nehmen. Einforderung und Anspruch, Unregelmäßigkeit und Zersplitterung sind für vertrauensvolle Begegnungen kontraproduktiv. Das Gefühl, von einem vermeintlichen Freund ausgenutzt zu werden, ist der Grund für ein tiefes Zerwürfnis und Misstrauen. Misstrauen jedoch hat nichts mit Wachsamkeit zu tun, jener Wachsamkeit und Aufmerksamkeit gegenüber sich selbst und dem Leben um einen herum, jener Wachsamkeit, die gewissermaßen wie ein Signalsystem vor Verletzungen, zu hohen Forderungen und dem Vertrauensbruch warnt.

Nur wenn es darum geht, zwei wirklich unangenehme Gegner nacheinander auszuschalten, kann diese List ohne Skrupel Anwendung finden. Der Grad der Bedrohung durch die Feinde allein rechtfertigt die konsequente Anwendung des Strategems.

STRATEGEM 25

# 偷梁換柱

*tou liang huan zhu*

*Die tragenden Balken stehlen und die Säulen austauschen*

ERLÄUTERUNG

Kriegslist 25 lässt sprichwörtlich „die Balken krachen". Die Fassade kann im Zweifelsfall stehen bleiben, aber der Kern eines Gebäudes soll zu Fall gebracht werden. Im übertragenen Sinne will das Strategem die Stützen eines Systems zerstören und dadurch den Feind schwächen. Die maßgeblichen Stärken des Widersachers müssen ausgelöscht werden, nur so kann ein Angriff siegreich erfolgen. Wenn man die Fassade wahrt, merkt der Feind zunächst nichts von den geplanten Veränderungen. Er fühlt sich sicher, während der Angreifer im „Inneren des Gebäudes" Unruhe stiftet.

Möglichkeiten dieser verdeckten List sind zum Beispiel, Spione einzuschleusen, wichtige Männer abzuwerben oder geschickte Bestechungen. Die morschen Säulen des Gegners können dann, hat man erst einmal das Innerste erreicht, durch eigene Pfeiler ersetzt werden. Die Übernahme der Kontrolle wird den Feind in die Enge treiben oder ihn umgehend schlagen.

Die andere Variante ist der offene Angriff auf die „tragenden Balken": Ob diese „Balken" nun Waffen, Lebensmittelnachschub oder Soldaten meinen oder aber psychisch stabilisierende Elemente wie die Familie des Machthabers oder den wichtigsten Berater, ist unwichtig. Entscheidend ist die korrumpierte Moral des Gegenspielers.

### GESCHICHTE

Wieder einmal befanden sich der listige Cao Cao und sein Widersacher Yuan Shao mit ihren Truppen im Kampf. Im Fokus der Schlacht standen die Städte Baima und Liyang, das am Nordufer des Gelben Flusses lag.

Die Armeen Yuan Shaos griffen beide Städte an. Cao Cao war dem Militär des Gegenspielers weit unterlegen: Eine Kriegslist war gefordert, die Cao Caos listiger Stratege auch bereit hatte. Er schlug vor, die Soldaten Yuan Shaos zu zerstreuen und ihnen dann mit einem überraschenden Angriff auf Baima die Herrschaft zu entreißen. Und so geschah es: Cao Cao ließ Yuan Shao anonym die Nachricht überbringen, er werde über den Jangtsekiang gehen, um mit seinen Truppen anzugreifen. Die Drohung hatte Erfolg: Yuan Shao ließ umgehend sein Heer teilen, um auf den Angriff gefasst zu sein. Im besetzten Baima allerdings rechnete nun niemand mehr mit einem Angriff, und so konnte die Stadt befreit werden. Der Plan, die stabilen Säulen, also das übermächtige Heer Yuan Shaos, zu zerstören, war aufgegangen.

### DIE WEISHEIT DAHINTER

Von Laotse stammt das Wort: „Darum regiert der Berufene also: Er leert ihre Herzen und füllt ihren Leib. Er schwächt ihren Willen und stärkt ihre Knochen und macht, dass das Volk ohne Wissen und ohne Wünsche bleibt, und sorgt dafür, dass jene Wissenden nicht zu handeln wagen. Er macht das Nichtmachen, so kommt alles in Ordnung." In unserem Strategem geht es auch um die Entseelung, um die Entkernung des Gegners. Wenn es bei Laotse um das Leeren der Herzen geht, um sich die Untergebenen verfügbar zu machen, willen- und widerstandslos, dann zeigen sich darin Ähnlichkeiten zur Logik des Strategems: Einem Leib wird die Seele genommen, damit er keinen Widerstand mehr leisten kann. Beim Gegner kommt es zum Substanzverlust, zu Fehleinschätzungen, zu fatalen Fehlern, die zur Niederlage führen. Von Kurt Tucholsky stammt die dazu passende Aussage: „Man fällt nicht über seine Fehler, man fällt immer über seine Feinde, die diese Fehler ausnutzen." Die Effizienz von Strategem 25 ist die vollständige Planung der Verfehlungen des Gegners, ja die Provokation. Der Gegner wird dazu verleitet, Fehler zu machen, die dann rigoros ausgenutzt werden.

### DIE WEISHEIT ANWENDEN

Die „Säulen" einer Religion, einer Regierung, einer Firma oder einer Familie sind stets die Garanten für Erfolg und Sicherheit. Werden diese angegriffen, fallen sie in Ungnade oder verlieren ihre Glaubwürdigkeit, so ist die Stabilität des Systems in Gefahr. Es ist für einen Widersacher nicht einfach, die wichtigsten Pfeiler ins Wanken zu bringen, und doch gelingt es immer wieder: So werden charismatische Mitarbeiter, erfahrene Sportler oder finanzkräftige Sponsoren abgeworben, oder der günstige Zulieferer für eine Konkurrenzfirma wird anderweitig ausgelastet. Wichtige Produkte einer Firma können im Wettbewerb getoppt werden, und ein Unternehmen stürzt in den Ruin. Ein gegnerisches Unternehmen kann den Konkurrenten solange unter Druck setzen, bis er von seinem Kerngeschäft abweicht und sich unerfahren auf dünnes Eis begibt und schlussendlich einbricht und untergeht.

Und doch kann man Strategem 25 eher als interne Warnung verstehen, eben diese Säulen nicht anzurühren.

Beispiele für die falsche Handhabung von List 25 gibt es reichlich: Wenn in einem Fußballverein der Altersdurchschnitt verjüngt werden soll und alle erfahrenen Leistungsträger ausgemustert werden und nur junge Spieler auf dem Feld stehen, fehlen die Identifikationsfiguren. Die Mannschaft ist im Kern verwandelt, und dies kann zu Misserfolgen führen.

In einer Firma gilt das gleiche Prinzip: Wenn ältere, erfahrene Kollegen, die für die jungen Kollegen stützend gewirkt haben, entlassen werden oder in Rente gehen, sinkt die Moral, und viele empfinden den Verlust als eklatant und fühlen sich überfordert. Junge Universitätsabgänger mögen zwar als flexibel und mobil gelten, sind aber weniger standhaft und routiniert. Für sie ist es schwierig, zu „tragenden Pfeilern" zu werden. Je mehr Verantwortung sie allerdings zu tragen bereit sind, desto mehr Stabilität schenken sie ihrem Unternehmen. „Am Stuhl des Chefs zu sägen" gehört auch zu den Spielarten des 25. Strategems. Zwar will der Angreifer einen tragenden Ast kappen, scheint sich aber dann auch selbst in der Lage zu fühlen, Stärke und Kraft ins Unternehmen zu investieren. Er hofft also, Nachfolger zu werden und die Lücke füllen zu können.

Wenn eine Firma ihr Produkt, mit dem sich die Mitarbeiter identifizieren, komplett aufgibt und beispielsweise statt Autos nur noch Roller produziert, ergibt sich eine Instabilität für das Unternehmen. Der einzelne Arbeitnehmer verliert die Motivation und fühlt sich nicht ernst genommen. Den „Pfeiler", sprich das, wofür es sich zu arbeiten gelohnt hat, gibt es nicht mehr.

Am Arbeitsplatz kommt es immer wieder zu Problemen, die die Arbeitnehmer selbst zu verantworten haben, wenn sie etwa aus Angst, anzuecken, alle Fehlentscheidungen widerspruchslos hinnehmen. Damit kommt es zu einem Substanzverlust, und die Identifikation mit der eigenen Arbeit geht schleichend verloren. Und dann ist auch die Fassade abgebröckelt, es kommt zu einem Gesichtsverlust, der kreativer und produktiver Arbeit im Wege steht.

In Wirtschaftsunternehmen gibt es häufig die interne, aber von außen gesteuerte Industriespionage, das Headhunting, bei dem das mittlere Management vom Hauptkonkurrenten abgeworben wird.

Im familiären Bereich kommt es zu Entkernungen, wenn sich ein Partner etwa durch die Eifersucht des anderen gezwungen sieht, alte Freundschaften aufzugeben, nur um den familiären Frieden zu wahren. Dabei werden Partnerschaften ausgehöhlt und aufgeweicht: Sie werden mehr und mehr entseelt.

Strategem 26

# 指桑骂槐

*zhi sang ma huai*

*Die Akazie verfluchen, aber auf den Maulbeerbaum zeigen*

### Erläuterung

Strategem 26 will sein Ziel durch die Demonstration von Gewalt und Einschüchterung erreichen: Furcht erzeugen durch ängstigende Beispiele. Diejenigen, die eingeschüchtert werden sollen, werden nicht direkt angegangen, sondern durch abschreckende Beispiele zu Disziplin und Gehorsam getrieben. Im chinesischen Militär wäre es undenkbar gewesen, Autoritätspersonen Vorwürfe zu machen oder sie gar zur Rede zu stellen. Also bemächtigte man sich Trick 26 und belehrte den Gegner mithilfe eines Sündenbocks über seine Fehler. Die Akazie war der „Kaiserbaum", der Maulbeerbaum (der zur Seidengewinnung benötigt wurde) für den Lebensunterhalt der einfachen Menschen unverzichtbar. Die beiden Bäume stehen in Strategem 26 bildhaft für den, der eigentlich zur Rede gestellt werden soll, also der Akazienbaum, und den, der dafür herhalten muss, der Maulbeerbaum. Den Kaiser zu schelten wäre nicht zur Diskussion gestanden, also wurden ihm indirekt die Verfehlungen eines anderen vorgeworfen. Der Kaiser selbst sollte sich dann darin wiedererkennen.

Für den Kriegsfall rät List 26 also zur Darstellung von Gewalt und Macht, um den Widersacher einzuschüchtern, ihn zu manipulieren und ihm die Konsequenzen bewusst zu machen, die ihm im Falle des Kampfes drohen. Dazu eignen sich Geschichten über ehemalige Kampfgegner, denen es entsetzlich ergangen war, das Prahlen mit dem Überfluss an Waffen, der „Show-Aufmarsch" des unnachgiebigen Heeres oder aber die willkürliche Zurschaustellung von Brutalität.

### Geschichte

Yan Zi war Premierminister des Staates Qi und vermied es nicht, Kritik und Vorwürfe zu äußern, wenn ihm etwas miss-

fiel. So kam es, dass der König ein Essen gab und neben vielen
anderen Gästen auch seinen Premierminister empfing. Der
König bat alle, sich frei zu bewegen und nicht zu viel auf die
Etikette zu achten. Daraufhin sagte der Premierminister, dass
gerade die Etikette wichtig sei, denn das unterscheide den
Menschen vom Hund. Was wäre denn, wenn alle Beamten des
Landes machen würden, was sie gerade wollten. Es könnte sogar geschehen, dass der König zu Fall käme ... Der König war
aufgrund der Worte sehr erbost und beachtete Yan Zi nicht
mehr. Als der Monarch nach einer Pause an der frischen Luft
wieder den Saal betrat, bat er alle Gäste, lustig zu sein, doch
Yan Zi blickte ihn nicht an, sondern trank allein und stierte vor
sich hin. Da wurde der König laut und rügte Yan Zi ob seines
schlechten Benehmens. Da stand Yan Zi auf und erhob die
Stimme. Er erklärte dem König, dass die Demonstration an
schlechtem Benehmen nur als Beispiel dienen sollte für die
Wichtigkeit des Zusammenlebens nach Regeln. Da lachte der
König, verzieh dem Premierminister und achtete von diesem
Moment an zu jeder Zeit auf die Umgangsformen seiner
Untertanen. Strategem 26 hatte dem König geschickt nahege-
bracht, wie wichtig Regeln, Sitte und Förmlichkeit in einem
funktionierenden Staatsgebilde sind.

## DIE WEISHEIT DAHINTER

Strategem 26 postuliert in gewisser Weise den diplomati-
schen Umgang mit der Wahrheit, allerdings auf zum Teil äußerst drastische Weise. Es geht um die indirekte Kritik. Im chinesischen Denken ist die direkte Konfrontation unhöflich, es
schickt sich nicht, Kritik schonungslos anzubringen. Daher
weicht man aus, sucht sich einen Blitzableiter für die vorzu-
bringende Kritik oder Klage. Es ist wie ein indirekter Angriff:
Man nimmt ihn auf und lenkt ihn ab oder um. Es ist eine Art
Stellvertreterkrieg. Vom großen britischen Staatsmann und No-
belpreisträger für Literatur, Winston Churchill, stammt der
Satz: „Ein wahrer Diplomat ist ein Mann, der zweimal nach-
denkt, bevor er nichts sagt." In unserem Beispiel wird zwar etwas gesagt, aber nicht an die Adresse, an die es gehören würde.
Insofern geht es auch um die Abschreckung, um die Warnung.
Unter Vermeidung der direkten Konfrontation wird der Angriff

gegen einen „Unschuldigen" oder nicht unmittelbar Beteiligten geführt. Die Strategie hat das Ziel, den eigentlichen Adressaten zu schockieren, seine Angst zu schüren und ihn damit zu warnen: eine im Grunde aggressive Erziehungsmaßnahme auf hohem Niveau. Insofern ist der Inhalt dieses Stratagems abendländischem Denken nicht so fremd, wie es auf den ersten Blick scheinen mag.

### DIE WEISHEIT ANWENDEN

In Stratagem 26 geht es darum, Dinge zu verschleiern, Andeutungen zu machen, sprich: „etwas durch die Blume" zu sagen. Diese List zählt zur psychologischen Kriegsführung, ist sie doch kein direkter Angriff, gegen den sich das Opfer wehren kann. Es geht ja nur in verdeckter Form um den Angegriffenen selbst. Stratagem 26 findet sich in nahezu jedem Lebensbereich, sie ist die Krönung der Diplomatie.

In der Partnerschaft ist sie ein wesentliches Mittel zur sanften Streitkultur. Wenn die Ehefrau über den Mann der Nachbarin und seine Prahlerei spricht, kann der eigene Mann die Rüge auf sich beziehen, er muss es aber nicht. Die Ehefrau hingegen darf Unschuld mimen, denn sie hat ihrem Mann gegenüber keinerlei Kritik geäußert.

In der Erziehung fungieren Negativbeispiele gern als Ratgeber Nummer eins: „Sieh an, der Klaus hat eine Sechs in Deutsch, naja, er geht ja auch jeden Tag zum Fußballtraining", „Schau, jetzt steht das arme Mädchen ohne Job da, hätte sie mal mehr gelernt in der Schule" etc. Die eigenen Kinder sollen anhand der Beispiele besser auf die eigenen Verfehlungen und ihre Konsequenzen achten. Die negative Verstärkung will die Kinder zur Selbstdisziplin bringen.

Die Werbung arbeitet entgegengesetzt, und zwar fast ausschließlich mit dem Medium des positiven Anreizes: Die hübsche Frau, die nur durch das Produkt XY zu ihrer Attraktivität kommt, die Zigarette, die frei und unabhängig macht, die Gummibärchen mit Vitamin C, die die lieben Kleinen gesund und glücklich erhalten etc. Die Industrie, die hinter den Werbekampagnen steht, will die Zuschauer zum Nachahmen bewegen, sie will ihnen klar machen, dass sie das Angestrebte auch erreichen können.

In der Politik sind indirekte Warnungen häufig nötig, um Situationen zu klären, ohne eventuell im Grunde eine gute Beziehung durch offene verbale Angriffe zu belasten.

Die Dynamik in Gruppen braucht in bestimmten Phasen der Entwicklung einen oder auch mehrere Außenfeinde, damit sie sich stabilisieren kann. Der Außenfeind ist gewissermaßen eine wichtige Bedingung, damit sich die Gruppengrenzen schließen können. Wenn man auf jemanden schimpfen kann, der nicht zum eigenen Team gehört, können häufig eigene ähnliche Probleme gesehen und geklärt werden, ohne in die direkte Konfrontation gehen zu müssen. Für den weiteren Prozess in der Gruppe, der Familie, der Abteilung oder am Arbeitsplatz wird man allerdings an einer direkten Auseinandersetzung nicht vorbeikommen.

STRATEGEM 27

# 假痴不癫

*jia chi bu dian*

*Den Dummen spielen, aber schlau bleiben*

### ERLÄUTERUNG

Der Angreifer gibt vor, unüberlegt und dumm zu handeln, und er tut dies mit bestem Wissen und Gewissen. Damit gibt er dem Feind das Gefühl der Überlegenheit. Die wahre Schläue und Durchtriebenheit zeigt sich erst später, wenn es zum Kampf kommt. Der Angreifer setzt also eine Maske auf, um den Gegenspieler zu täuschen und ihn ruhigzustellen. Im Hintergrund agiert er mit aller Macht und feilt an seinen gewitzten Plänen. Diese Kriegslist bedarf dritter Personen, die das Schauspiel mittragen und sich genauso einfältig geben wie der Machthaber selbst. Sollte sich in dieser Struktur einer nicht an die Täuschung halten, versagt List 27. Ziel des Strategems ist, den Gegenspieler zu blenden und im richtigen Moment die ganze Hinterlist zu offenbaren. Die 27. List muss allerdings wohl dosiert eingesetzt werden, sonst besteht die Gefahr, dass der Gegner das Spiel durchschaut und die List ins Leere laufen oder sich sogar ins Gegenteil verkehren kann.

### GESCHICHTE

Die Geschichte führt den Kampf zwischen Cao Cao, der Premierminister von Han war, und Liu Bei, der als Herzog unter Cao Cao diente, vor Augen. Cao Cao versuchte, Liu Bei zu beherrschen. Der Herzog gab sich brav und ergeben, arbeitete aber im Geheimen an einer Verschwörung gegen Cao Cao. Eines Tages saßen die beiden Rivalen zusammen und waren in ein Gespräch vertieft. Cao Cao wollte wissen, welche Männer Liu Bei als wahrhaftige Kämpfer bezeichnen würde. Der Befragte nannte viele Namen, bis Cao Cao ihn unterbrach und nur zwei nannte: Liu Bei und sich selbst. Darauf erschrak Liu Bei sehr und seine Hände zitterten, denn er fühlte sich ertappt. Liu Bei erklärte Cao Cao, er ängstige sich wegen des Grollens und Donnerns am Himmel, und so hieß Cao Cao den Herzog einen elenden Feigling. Er ließ ihn sogar in den Krieg ziehen, da er ihn für einen dummen Schwächling hielt. Liu Bei jedoch kam nie zurück und entzog sich auch der brutalen Rache, die Cao Cao allen Rebellen schwor, als er davon Kenntnis erhielt. Liu Bei hatte mit der List, sich schwach und ängstlich zu stellen, sein Leben gerettet.

### DIE WEISHEIT DAHINTER

Das Spiel mit der Dummheit, das Verstellen, das Verharren im „So tun, als ob" ist auch im abendländischen Kulturkreis weit verbreitet. Ein ganze Reihe an Redensarten und Zitaten belegt, wie sehr echte oder gespielte Dummheit das tägliche Leben beeinflusst. Von Mark Twain wird der Ausspruch überliefert, das Recht auf Dummheit gehöre zur Garantie der freien Entfaltung der Persönlichkeit. Dies schließt ja auch das bewusste Spiel mit der Dummheit, der Tölpelhaftigkeit mit ein.

In dieser Kriegslist geht es zunächst um einen Kampf auf geistiger Ebene, also nicht um einen Streit mit Waffengewalt. Hier ist die geistige Überlegenheit die Waffe. Von Manfred Rommel, dem Kolumnisten der Stuttgarter Zeitung und früheren Stuttgarter Oberbürgermeister, stammt das Wort: „Die, die

sich dumm stellen, sind gefährlicher als die, die dumm sind."
Der sich dumm stellende Angreifer lenkt nach eigenem Er-
messen die Wahrnehmung des Gegners: Der Gegner erfährt
nur so viel vom Angreifer, wie dieser jenem zubilligt. Damit
hat der Angreifer den Feind völlig in seiner Hand. Er steuert
und bestimmt, und zwar ohne dass der Gegner es merkt.

Auch der Aspekt der Identitätsverschleierung spielt bei dieser Kriegslist eine große Rolle. Dem Gegner werden die tatsächlichen Verhältnisse nicht nur vorenthalten, sie werden ganz gezielt durch andere Situationen oder Eigenschaften versteckt,
zugedeckt oder verborgen und damit von Belanglosigkeit über-
lagert. Der Angreifer tut so, als könne er kein Wässerchen trüben, er spielt dem Widersacher das Unschuldslamm vor, und
der Feind glaubt, das Spiel sei Realität. Und damit ist auch der
Zeitpunkt des Angriffs völlig im Dunkeln. Der Feind wird gera-
dezu eingelullt von geistigem oder körperlichem Mangel, was
dazu führt, dass er sich dem Angreifer vollends überlegen fühlt.
Das meint auch Laotse, wenn er sagt: „Es gibt kein größeres
Unglück, als den Feind zu unterschätzen. Wenn ich den Feind
unterschätze, stehe ich in Gefahr, meine Schätze zu verlieren."

### DIE WEISHEIT ANWENDEN

Sich dumm zu stellen, ist eine wirklich praktikable Überlebensstrategie im Auf und Ab des Alltags. Gibt man sich etwas
einfacher als man ist, wird einem Hilfe und Unterstützung zu-
teil. Man stellt für die anderen keine Gefahr dar. In beruflicher
Hinsicht kann einem das so manche Tür öffnen, denn keiner
vermutet hinter der einfältigen Fassade etwas, das es zu fürchten gilt.

Sich im Gespräch nicht immer in den Mittelpunkt zu stellen,
sondern sich zurückzunehmen, kann die anderen aber auch
motivieren, ihre Meinung zu äußern, sich zu öffnen, die eigenen Schwächen zu erkennen zu geben oder auch die eigene
Kreativität zu zeigen. Ein alles beherrschender Chef, Partner
oder Erzieher lässt den anderen keine Luft zum Atmen.

So auch in der Politik: Ein Minister, der sich für allwissend
hält, wird ein profilloses, stilles Team um sich scharen; lässt er
aber jedem seine Kompetenz und ist er in der Lage zu delegie-
ren, ist unter seiner Führung nahezu alles möglich.

Der Begriff der „erlernten Hilflosigkeit" findet sich häufig im familiären Bereich: Wenn man einem Kind ein paar Mal zu verstehen gibt, dass es etwas nicht oder noch nicht kann, dann wird es die Aufgabe auch nicht bewerkstelligen. Es stellt sich in Zukunft dümmer, als es wirklich ist, denn „Mama wird's schon richten". Gerne wird diese Strategie auch von Partnern bei klischeebehafteten Themen wie Haushalt oder Auto genützt. „Ich mach es ja ohnedies nicht richtig, also mach du es doch besser gleich selbst!" Diesen Satz hören Männer wie Frauen oft. Auch wenn sie an diesem unguten Verhaltensmuster ihren eigenen Anteil haben.

Sich dem anderen gegenüber für blöd verkaufen, sich verstellen, in gespielte Lethargie verfallen, all das kann als Instrument eingesetzt werden, um notwendigen Auseinandersetzungen aus dem Weg zu gehen. Man lässt den anderen ins Leere laufen, kann ruhig zusehen, wie der sich abmüht und seine Energie einsetzt und verbraucht, um dann im entscheidenden Moment die Früchte zu ernten.

Manchmal führt diese Verschleierungstaktik, diese Vorspiegelung falscher Tatsachen zu einem Zustand, in dem der Verschleiernde seine Projektionen mit der Realität verwechselt und selbst nicht mehr zwischen Schein und Sein unterscheiden kann.

Welche Möglichkeiten aber gibt es, nicht auf die Verschleierungstaktik hereinzufallen und sich gegen die Verdummung zu wehren? Wie in den meisten Fällen der Verteidigung geht es darum, wachsam zu sein, Distanz zwischen sich und den Angreifer, der sich als Unschuldslamm gibt, zu bringen. Das kann zum Beispiel durch sensible Beobachtung des vermeintlich Dummen gelingen. Nach dieser Beobachtung muss man sich Zeit nehmen, das Wahrgenommene zu reflektieren – vielleicht mit einem oder auch mehreren Freunden, einem Berater, einem Coach etc. Und erst dann sollte eine Reaktion erfolgen. Es geht also darum, das symbolische Taktieren auszuhebeln und sich selbst davon einen Vorteil zu verschaffen. Dies ist ein sehr schwieriger Vorgang, da nichts einfacher scheint, als den anderen zu unterschätzen und ihn als blöd, als dumm, als Idioten abzutun.

STRATEGEM 28

# 上屋抽梯

*shang wu chou ti*

*Auf das Dach locken und dann die Leiter wegziehen*

## ERLÄUTERUNG

Strategem 28 setzt darauf, die Falle zuschnappen zu lassen, sobald der Gegner hineingelockt wurde. Der Weg zurück wird sofort gekappt, ein Rückzug ist unmöglich. Der Unterschied zu Strategem 22: „Die Türe schließen, um den Feind zu fassen", besteht darin, dass bei List 28 der Gegner nicht in eine vorbereitete Falle gelockt wird. Der Angreifer versucht vielmehr, jede Situation auszunutzen, die wenig Chancen zur Flucht bietet, und er ist immer aufmerksam, ob sich eine solche Möglichkeit im Kampf ergibt. Die „Leiter" soll als Lockmittel dienen: Geld, Schätze, Sieg, Überlegenheit, Rache, all diese Dinge wollen den Feind aufs Dach, sprich: in den Hinterhalt locken. Natürlich muss sowohl die Art der Falle als auch die Art des Köders auf den Feind abgestimmt werden. Einem schwachen Gegenspieler kann der scheinbare Fluchtweg ein willkommenes Ziel sein: Einem finanziell schlecht gestellten Feind der Schatz, einem Gegner mit einer schwachen Armee die einfach zu überfallenden gegnerischen Soldaten etc. Die Falle selbst muss den Anforderungen der feindlichen Armee entsprechen: Muss sie ein ganzes Heer aufnehmen oder nur die Vorhut oder den Heerführer? Will sie den Gegner nur stoppen oder eventuell sogar töten?

Das Strategem will andererseits auch als Motivationsschub für die eigenen Soldaten oder Verbündeten verstanden werden. Eine scheinbar ausweglose Situation kann enorme Kräfte ins Spiel bringen, letzte Stärken mobilisieren und die Betroffenen zusammenschweißen.

## GESCHICHTE

Han Xin wurde vom künftigen Kaiser Liu Bang nach Zhao geschickt, um es endlich zu unterwerfen. Die Soldaten aus Zhao

hatten allerdings einen strategisch ausgefeilten Standort gewählt und waren somit nicht leicht zu besiegen. Also ersann
Han Xin eine für alle nicht nachvollziehbare Aufstellung seines
Heeres: Er ließ die Soldaten mit dem Rücken zum Fluss Stellung
beziehen. Der Gegner lachte über so viel Dummheit. Wie sollte
das Heer sich bewegen oder gar zurückziehen können, wenn
Zhao angriff? Aber das war nicht der ganze Plan Han Xins: Er
befahl einer kleinen Truppe seiner Soldaten, sich am Rande des
feindlichen Lagers zu verstecken. Sie sollten die Wappen Liu
Bangs im gegnerischen Lager postieren, sobald sich die Gelegenheit böte. Nun kam es zum alles entscheidenden Kampf:
Han Xin ritt mit seiner Armee den Feinden entgegen und blies
kurz davor zum Rückzug. Der Feind war angestachelt und siegessicher und verfolgte Han Xin bis zum Ufer des Flusses, wo
dessen Armee stationiert war. Die Soldaten Han Xins kämpften
bis aufs Blut, wussten sie doch um ihre aussichtslose Lage mit
dem reißenden Fluss im Rücken. Han Xin hatte dem eigenen
Heer „die Leiter weggezogen", um sie zur Höchstleistung zu
zwingen. Der Gegner aus Zhao stand seinen Mann, ließ aber
dann vom Feind ab, um ins Lager zurückzukehren und Nachschub zu ordern. Als aber die Soldaten die Banner und Flaggen
Liu Bangs sahen, dachten sie, das gesamte Lager sei in feindli-
cher Hand, und sie fühlten sich in die Enge gedrängt. Han Xin
griff erneut an, und so flohen die gegnerischen Soldaten in pani-
scher Angst, und der Feldherr wurde getötet. So wurde die listig geplante Schlacht zu Gunsten Han Xins entschieden.

### DIE WEISHEIT DAHINTER

Im Grunde genommen geht es bei diesem Strategem um alles oder nichts. Selbst die eigenen Soldaten wissen nicht, worauf sie sich bei diesem Kampf eingelassen haben. Und dennoch
führen sie bedingungslos und ohne Widerrede die Befehle ihres Heerführers aus. Konfuzius sagt: „Ehrerbietung ohne Form
wird Kriecherei, Vorsicht ohne Form wird Furchtsamkeit, Mut
ohne Form wird Auflehnung, Aufrichtigkeit ohne Form wird
Grobheit." Die Form ist hier als Struktur der Kampfaufstellung
und in der inneren Einstellung zum Geschehen zu sehen. Denn
die Soldaten kämpfen mit dem Mut der Verzweiflung. In eine
tödliche Umklammerung gezwungen, bleibt nur die Flucht

nach vorn. Dieser Mut der Verzweiflung zeigt auch, dass die
Soldaten zu ihrem Heerführer stehen, dass sie ihm vertrauen.
Sie lassen sich von ihm in diese verzweifelte Situation bringen.
Ohne Meuterei und ohne Auflehnung wird die hierarchische
Struktur bewahrt.

Diese Radikalität ist westlichem Denken fremd. Bedingungslos dem Herrn dienen, selbst wenn der Kampf in eine Sackgasse
mündet, das ist schwer nachzuvollziehen. Mit der gesamten
Kraft des Denkens, Empfindens und Wollens nach dem Sieg
streben, verbunden mit der treibenden Energie des Zorns und
der Erregung, das ist es, was den Mut einer solchen Tat kennzeichnet. Dies ist der eigentliche Grund, wieso das zahlenmä-
ßig kleinere Heer gegen diese Übermacht den Sieg davonträgt.
In dieser Radikalität mutet Heldentum bedenklich an.

### DIE WEISHEIT ANWENDEN

Besonders die zweite Interpretation des Strategems findet
sich in vielen Situationen. Häufig nutzen Firmeninhaber die
Angstmache, um die Kräfte der Mitarbeiter zu steigern. Hin-
weise auf Arbeitslosigkeit, Finanzkrise und Kinderarmut fördern das Engagement der Arbeitnehmer am Arbeitsplatz. Die
Angst weist den Weg des Engagements.

In der Familie ist es ähnlich: In scheinbar ausweglosen Situationen halten alle zusammen, schnallen den Gürtel enger und
vergessen die üblichen Streitigkeiten. Auch solche Kinder, die
als Streithähne verschrien sind, verbünden sich gegen ihre
Eltern, wenn sie keinen anderen Ausweg sehen. Wenn es keine
Leiter mehr gibt, kann der Weg vom Dach herunter auch auf
andere Weise gelingen.

Im Wettbewerb der Unternehmen dem Feind die Leiter wegzuziehen ist ein probates Mittel, den Gegner für eine gewisse
Zeit auszuschalten. Eine Möglichkeit besteht darin, immer höher zu bieten, immer preiswertere Produkte auf den Markt zu
werfen, bis der Mitbewerber nicht mehr mithalten kann und
finanziell ruiniert ist. Als Legitimation kann man sich einreden,
der Konkurrent sei ja selbst schuld, er habe sich die Leiter selbst
weggezogen und sich die Flucht nach vorn verbaut.

Im Gespräch, beruflich wie privat, besteht die Möglichkeit,
den Widersacher auf ein Terrain zu locken, auf dem er sich ei-

gentlich nicht bewegen kann. Er ist in die Falle gegangen. Wenn er sich jetzt noch herausreden will, fällt er auf und gibt sich der Lächerlichkeit preis. Die Leiter wurde in dem Moment weggezogen, als der Angreifer das unliebsame Thema geschickt einbrachte.

Im täglichen Leben sind Konstellationen, wie sie Strategem 28 fürs Gelingen der symbolischen Taktik voraussetzt, gar nicht so selten. Vor allem Partnerschaften, die vor oder in einer Trennung stehen, verhalten sich oft so, als wollten sie den (Noch-) Partner in die Kapitulation zwingen, bei der alles auf dem Spiel steht. Dabei wird häufig übersehen, dass ein Mensch nur human weiterleben kann, wenn er nicht zerstört wird und er sein Gesicht wahren kann. In solchen Auseinandersetzungen haben weder Überheblichkeit noch das ausweglose in die Enge Treiben einen Platz.

STRATEGEM 29

树上开花

*su shang kai hua*

*Den Baum mit falschen Blumen schmücken*

ERLÄUTERUNG

Strategem 29 rät dazu, auch im schwächsten Moment Stärke zu zeigen, wenn es sein muss, auch geliehene Stärke. Im Glanz zu erstrahlen, soll über die eigene Ermattung hinwegtäuschen und dem Gegner das Gefühl geben, dass der Widersacher noch lange nicht am Ende seiner Kräfte ist. Im Kriegsfall beispielsweise kann die Energie des Verbündeten geliehen werden, und dies geschieht in Form von Waffen, Soldaten oder moralischer Unterstützung. Weiß man einen starken Freund im Rücken, fällt das siegessichere Handeln leichter, und „der Baum, der eigentlich verdorrt ist, kann noch einmal in aller Schönheit erblühen". Das Rückgrat des Verbündeten hält den eigentlichen Angreifer bei der Stange und täuscht den Gegner über die Mattigkeit hinweg.

Natürlich gibt es verschiedene Möglichkeiten zu glänzen und den Widersacher zu blenden: Prunk, Feste und Gesänge hinterlassen beim Gegenspieler den Eindruck von Gelassenheit und Überschwang. Wie kann ein Gegner ermattet sein, wenn er doch fröhlich scheint und ausgelassen feiert? Nicht zu vernachlässigen ist die Tatsache, dass von anderen übernommene Kräfte wieder zu mehr Mut und Selbstbewusstsein und somit zu eigenem Erstarken führen können.

GESCHICHTE

In einem Roman aus der Qing-Zeit wird der Ursprung des 29. Strategems erzählt: Die Damen des Hofes wollten den mürrischen Kaiser Yangdi erfreuen und ließen den Garten des Palastes bei Nacht und Nebel mit seidenen Blumen überziehen. Der Kaiser, der den Frühling so vermisste, war beglückt und seinem Hofstaat wieder gewogen. Erstrahlte doch sein Reich in Prunk und Glanz. Der Kaiser soll die Gastwirte seines Landes auch noch gebeten haben, von Besuchern seines Reiches kein Geld zu nehmen, denn es sei so reich, dass es das nicht nötig habe. Die Besucher aber sahen auch die Armut und die Traurigkeit der Menschen, und so durchschauten sie die Scheinwelt des Kaisers.

Einer anderen Überlieferung zufolge ließ der geniale Heerführer Tian Dan, der von einem übermächtigen Heer in der Stadt Jimo eingeschlossen war, Messer und brennende Fackeln auf die Hörner von Stieren binden und sie mit bunten Tüchern schmücken, sodass sie aussahen wie riesige, Feuer speiende Drachen. Er trieb sie mitten in das Lager der Feinde. Die Stierherde löste bei den Feinden sofort Panik aus. In ihrer starren Angst waren sie zu keiner Gegenwehr mehr fähig. Tian Dan konnte die Belagerer mit einem kleinen Heer überwältigen und das Lager dem Erdboden gleichmachen.

DIE WEISHEIT DAHINTER

Der zentrale Inhalt dieser List ist mehr als bei allen anderen Strategemen die fundamentale Kraft des schönen Scheins. Der Verteidiger zeigt eine enorme kreative Potenz, um einen alles überstrahlenden Eindruck zu erwecken. Dieser Eindruck glänzt so stark, dass das haushoch überlegene Heer die Flucht antritt und schlussendlich auch noch geschlagen wird. Im abendländischen Denken bekommen die Vorspiegelung falscher Tatsachen und der Versuch, mehr zu haben, als man ist, immer mehr Bedeutung. Der große Sozialpsychologe Erich Fromm beschrieb dieses stärker werdende menschliche Dilemma: Er nennt es den großen Schwindel, der alle Bereiche unserer Gesellschaft durchdringe, von überteuerten Waren oder Produkten, einer verfälschenden Werbung, bis hin zur Irreführung der Öffentlichkeit in der Politik. Sogar auf dem Gebiet der Kunst und Literatur „wuchert der große Schwindel" (Erich Fromm: Vom Haben zum Sein). Ist nur noch durch Irreführung, durch Schwindel, durch Vorspiegelung falscher Stärke und durch Auflegen allzu dicker Schminke das damit intendierte Ergebnis zu erreichen? Wie Grigorij Aleksandrowitsch Potjomkin (auch Potemkin) seiner Zarin den erbärmlichen Anblick der Dörfer auf dem Weg zur Krim ersparen wollte und deswegen, so die Legende, Dorfattrappen errichten ließ, um der Zarin einen nicht vorhandenen Wohlstand vorzutäuschen, so sind heute sowohl auf gesellschaftlicher Ebene bis hinein in ganz persönliche, subjektive Bereiche Blendwerke und Trugbilder gang und gäbe. Entscheidend für den Erfolg ist allerdings, dass das für den jeweiligen Anlass adäquate Trugbild angewendet wird.

## DIE WEISHEIT ANWENDEN

Den Schein zu wahren ist das Prinzip des 29. Strategems. Gerade in beruflichen Situationen ist es angeraten, ein wenig „Show" zu machen und die Kollegen stets eine gewisse Gelassenheit und Distanz spüren zu lassen. Denn es gibt immer Menschen, die Schwachstellen ausnutzen und den Keil in den wunden Punkt hineintreiben. Durch den Ruhm anderer zu glänzen ist im beruflichen Alltag üblich. Meist ist es ein einziger Mitarbeiter oder ein kleiner Teil der Gruppe, der einen Erfolg zu verzeichnen hat, im Glanz erstrahlen aber häufig andere: Kollegen, die sich besser in den Vordergrund spielen können, oder Chefs, die die Lorbeeren der Mitarbeiter für sich reklamieren. Es ist also immer empfehlenswert, auf einer Erfolgswelle mitzuschwimmen, will man es zu etwas bringen.

Im privaten Rahmen finden wir das Vorspiegeln falscher Tatsachen gern am „benachbarten Gartenzaun". Wie viele Familien gibt es, die mit Hilfe eines glänzenden Autos, ordentlichen Gardinen oder mit einer frisch geschnittenen Hecke den Eindruck von Normalität erwecken wollen, hinter der sich jedoch im Grunde das blanke Chaos verbirgt. Doch der Schein gibt Sicherheit.

Wie viele Frauen leihen sich den Titel ihres Gatten und werden mit Frau Dr., Frau Professor oder Frau Direktor angesprochen, auch wenn sie selbst nicht die Universität besucht haben.

In der Gesprächsführung ist List 29 äußerst hilfreich. Wenn man den Gesprächspartner mit Fremdwörtern und Fachtermini „zutextet", ist das Gegenüber logischerweise beeindruckt. Ob der Prahlhans auch wirklich mit glänzendem Wissen brillieren kann, lässt sich im ersten Moment nicht erkennen.

In der Erziehung werden sich Eltern nur ungern Schwächen eingestehen, die den Sprössling verunsichern könnten. In vielen Filmen sieht man die Szene einer weinenden Mutter, die dem Kind die Geschichte der brennenden Zwiebeldämpfe weismachen will. Hier funktioniert Strategem 29 in die andere Richtung: Wir leihen uns eine Ausrede (hier die Zwiebel) für die Überdeckung der eigenen Schwäche, der eigenen Gefühle. Wir sichern also das Verblühen des Baumes im Vorhinein ab.

Der Blick hinter die Fassade und das Erkennen der Wahrheit hinter der Schminke ist allerdings nur der erste Schritt. Wie aber mit dieser Erkenntnis umgehen? Ist die harte Konfrontation mit der Wahrheit, mit der ungeschminkten Wirklichkeit, für das Zusammenleben wirklich der einzig produktive Weg? Hier ist sehr viel Fingerspitzengefühl gefordert. Nicht jeder kann die nackte Wahrheit ertragen. Und oft ist es angebracht, den Kern, wie bei der Häutung einer Zwiebel, Stück für Stück freizulegen.

Strategem $30$

友客为主

*fan ke wei zhu*

*Die Rollen von Gast und Gastgeber vertauschen*

ERLÄUTERUNG

Hat man den Fuß erst einmal in der Tür, lässt sich das Haus leicht einnehmen. Bei Strategem 30 geht es um den Tausch der Rollen, also die Übernahme einer Position, die dem Angreifer sicher nicht zusteht. Der Gast ist – militärisch gesprochen – der Angreifer und der Gastgeber der Feind. Nun kann sich das Kräfteverhältnis so darstellen, dass der Gastgeber im Vorteil ist, da er das Gelände sowie die Schwierigkeiten im System kennt. Der Gast begibt sich auf feindliches Terrain und muss zunächst die Lage sondieren. Also sollte der Gast schnellstmöglich versuchen, die Position des Gastgebers zu übernehmen und sich dadurch Vorteile zu verschaffen. Der Thron muss aber erst einmal gestürzt werden. Der Feind kann sich entweder unerkannt in den feindlichen Gemächern umsehen und sie sich so langsam zu eigen machen, er kann versuchen, die Freundschaft des Gastgebers zu erringen, oder er plant einen offenen Angriff. Sich der Güter des Gastgebers zu bedienen, sich also ganz „zuhause zu fühlen", gehört auch zur 30. List. Frei nach dem Motto: „Was dein ist, ist auch mein", beginnt der Angreifer, sich der Lebensmittel, der Waffen und der Soldaten des Feindes zu bedienen.

Eine andere Spielart des Strategems ergibt sich, wenn der Gast im Vorteil ist: Er führt etwas im Schilde, wovon der Gastgeber nichts ahnt. Der Angreifer kann einen Hinterhalt planen und den Gegner in die Falle locken. Eines ist unabdingbar für ein Gelingen der List: Der Gastgeber (Feind) muss Vertrauen in den Gast (Angreifer) fassen und sich in seiner Gegenwart sicher fühlen.

GESCHICHTE

General Cao Wei war in den Norden des Reiches geschickt worden, um das Reich Xi Xia zu unterwerfen, das feindliche

Stämme gegründet hatten. Die Feinde waren in einem für sie günstigen Gebiet stationiert, und Cao Wei musste geschickt planen, um den Sieg davontragen zu können. So gebot er seinen Soldaten nach dem ersten Kampf Einhalt, als das gegnerische Heer floh. Seine Mannen sollten ausschließlich die Tiere an sich nehmen, den Gegner aber fliehen lassen. Was hatte Cao Wei vor? Der General ließ die Widersacher noch einige Tagereisen lang davonmaschieren, ohne sie zu verfolgen. Doch er erwartete gespannt ihren erneuten Angriff. Er war sich sicher, dass die Feinde irritiert waren und eine irgendwie geartete Niederlage in seinen Reihen vermuteten. Und so war es: Die ursprünglichen „Gastgeber" – um mit dem Stratagem zu sprechen – kehrten als Gäste zurück und wurden besiegt. Sie waren erschöpft und ausgelaugt von den langen Märschen und hatten keine Kraftreserven mehr, um sich zu wehren. Und dies, obwohl Cao Wei dem Gegner sogar noch die Möglichkeit gelassen hatte, sich zu ergeben.

## DIE WEISHEIT DAHINTER

Stratagem 30 arbeitet mit einem Problem, das es in allen Kulturen gibt: Eine Autorität wird unterminiert. Dabei wird in ein Hoheitsgebiet eingedrungen, der Hausherr schenkt dem Eindringling Vertrauen, der hingegen nutzt dieses Vertrauen aus und stürzt den Hausherrn, die Autorität, den Leiter vom Thron.

Konfuzius antwortet auf die Frage, wie man dem Fürsten diene: „Ihn nicht betrügen und ihm widerstehen." Dieses Verständnis von der Beziehung zwischen „Diener und Meister" ist ein Wunschbild, das als solches nur in wenigen Fällen gelebt werden kann: Sagt es doch aus, dass der Untergebene den Herrn nicht betrügen darf, dass er ihm gegenüber aber redlich widerstehen müsse. Das kann nur heißen, mit der eigenen Meinung nicht hinter dem Berg zu halten.

In der westlichen Welt hat sich hingegen der psychologisch motivierte Sturz des Leiters, die Unterminierung von Autorität durchgesetzt. Und in Stratagem 30 ist dieser bewusst gesteuerte Fall des Oberhauptes nicht das gleiche wie in Stratagem 10 – Hinter dem Lächeln einen Dolch verbergen –, bei dem es um den überraschenden Angriff auf den Leiter geht. Stratagem 30 zielt auf den langsamen Sturz, also auf das gezielte Untergraben der Autorität. Der Angreifer schleicht sich ein, genießt alle Vorteile, die ihm der Gastgeber bietet, und benutzt diese Vorteile sogar noch dafür, den Leiter zu verdrängen und sich an seine Stelle zu setzen. Der Angreifer ist nicht mehr aufzuhalten, sobald er einen Fuß in der Tür hat. Von Friedrich Nietzsche stammt das Wort: „Und wenn du lang genug in einen Abgrund blickst, blickt der Abgrund auch in dich hinein." Diese Bild zeigt die wechselseitige Beeinflussung in diesem Prozess. Es gibt eben nicht nur einen Täter und ein Opfer. Den Täter gibt es in diesem Fall nur, weil der Gastgeber es zugelassen hat, selbst zum Opfer zu werden.

### DIE WEISHEIT ANWENDEN

Die Rollen zu tauschen, ohne dass der andere es bemerkt, scheint eine praktikable, aber nicht einfache List zu sein. Und doch gibt es immer wieder Situationen, in denen der Gegner nicht bemerkt, wie sich langsam, Stück für Stück, die Situation verändert und er allmählich die Kontrolle über eine Situation verliert.

Im Berufsleben gibt es dafür ein typisches Beispiel: Der engste Berater, der Adlatus, der dem Chef immer gewogen schien, übernimmt Stück für Stück seine Aufgaben und Verantwortlichkeiten und erklimmt ganz nebenbei den „Thron". Der Chef wird irgendwann nicht mehr benötigt, und der junge, aufstrebende Assistent tritt in seine Fußstapfen.

In der religiösen Mission laufen ähnliche Muster ab. Die neue Religion soll den „armen Seelen" zum Heil gereichen, sobald die Religion im fremden Land aber Fuß gefasst hat, kann sie ungehindert ihre eigenen Prinzipien „durchboxen". Auf die völlig anderen Bedürfnisse des Gastlandes, der Fremden, wird keine Rücksicht genommen, der abweichende Hintergrund und die Geschichte des Volkes sind unerheblich. Der geduldete „Gast" hat die Regentschaft übernommen.

Im Privatleben tauschen Menschen ständig die Rollen, doch häufig schleichen sich Muster ein, die es zu durchbrechen gilt. Hierzu benötigt man Strategem 30. Wenn die lieben Kinder auch mit Mitte 20 noch nicht erwachsen geworden sind, müssen die Eltern ihnen ihre neue Rolle bewusst machen und selbst auch von der ihnen angestammten Position abweichen. Vielleicht ist kein Rollentausch nötig, aber das Beleben des neuen Verhältnisses zwischen erwachsenen Kindern und Eltern lässt sich nicht umgehen.

In der Partnerschaft will auch nicht nur einer der Gebende sein. Strategem 30 rät zum geschickten Untergraben der „gegnerischen" falschen Verhaltensmuster.

Wie viele Menschen es gibt, die – wie Strategem 30 beschreibt – von anderen verdrängt, betrogen, ruiniert, abgeschrieben und verlassen wurden, zeigt die wachsende Anzahl zivilrechtlicher Verfahren. Weitgehend unreflektiert ist dabei die so genannte Täter-Opfer-Rolle. Sie zu durchschauen, ist für den „Gastgeber", um in der Terminologie der Kriegslist zu bleiben, sehr unangenehm. Müsste sich der „Geschädigte" doch selbst an der Nase fassen und sich fragen, was denn sein Anteil an seinem Sturz war. Durch diese „Persönlichkeitsschau" wäre er zumindest vor der nächsten strategemischen Aushebelung gefeit.

Strategem 31

*mei ren ji*

*Mit einer schönen Frau einen Mann ködern*

ERLÄUTERUNG

Großer Erläuterungen bedarf Strategem 31 nicht, ist es doch in der Weltgeschichte und im Umfeld eines jeden einzelnen Lesers schon angewendet worden. Der Feind, der mit aller eingesetzten List nicht gestürzt werden kann, wird mit den Verlockungen einer schönen Frau zu Fall gebracht. Entweder der Angreifer nutzt die Frau zur Bestechung oder im gegenseitigen Handel quasi als „Tauschware". Der Widersacher soll mit einem Reiz gelockt werden, dem er nicht widerstehen kann, so sehr er auch seine Kräfte dagegen einsetzt. Jegliche Selbstbeherrschung des Feindes muss also ausgeschlossen werden können. Natürlich kann die Frau auch als Übermittlerin herhalten oder gar aus den eigenen Reihen des Feindes kommen. Die weiblichen Reize dienen dazu, die Emotionen des Widersachers zu wecken, seine Zielsicherheit ins Wanken zu bringen und ihn von Brutalität und Gewalt abzuhalten. Vielleicht schenkt der Feind den Worten der schönen Geliebten Gehör, und die Macht des Feindes kann auf diesem Weg untergraben werden. Die Dame muss entsprechend vorbereitet worden sein, dass sie den Befehlen Folge leistet und den Grund ihres Handelns im „Liebestaumel" nicht vergisst. Der Feind wird sich verlieben, oder aber Eifersucht zerreißt sein Herz. Jede Variante trübt seinen Blick für das ursprüngliche Kampfgeschehen erheblich. So entsteht Raum für einen tückischen Schritt aufseiten des Angreifers.

Aber es geht bei Strategem 31 nicht nur um die Reize einer schönen Frau, sondern prinzipiell um Verlockungen, bei denen jeder innere Widerstand gebrochen wird. Diese sind natürlich von Mensch zu Mensch völlig unterschiedlich: Für den Armen ist es der Reichtum, für den Reichen vielleicht der Traum vom einfachen Sein, für den Denker die Erleuchtung etc. Der Feind muss also im Vorfeld genau beobachten, woran das Herz des Gegners hängt.

GESCHICHTE

Folgende Geschichte stammt aus dem 5. Jahrhundert v. Chr.: Gou Jian, einst König von Yue, schickte die schöne Xi Shi dem gegnerischen König von Wu, um ihn ans Messer zu liefern. Dieser verliebte sich in die Frau und ließ alle Regierungsgeschäfte brachliegen. So verlor er sein Reich und zuletzt sein Leben. Xi Shi war mit aller Kraft auf ihre hinterlistige Funktion vorbereitet worden und hatte ihre Rolle mit Bravour gespielt.

Eine andere Erzählung berichtet von Dong Zhuo, einem unnachgiebigen Kämpfer während der Han-Dynastie. Dong Zhuo und sein Henker Lu Bu liebten die Grausamkeit und ließen vor den Augen der Menge Gefangene oder unliebsame Gegenspieler foltern und töten. Kriegsminister Wang Yun war voller Sorge. Wie konnte man diesem Gewaltherrscher Einhalt gebieten? Da kam ihm Strategem 31 in den Sinn, und er ließ die junge und schöne Diaochan zu sich rufen. Beiden Männern sollte sie schöne Augen machen und sie zur Liebe verführen. Zuerst wurde Lu Bu um den Finger gewickelt und dann Dong Zhuo. Als die beiden Tyrannen von der Situation erfuhren, entbrannten sie vor Hass und Eifersucht. Diaochan aber wusste sich geschickt auf beiden Seiten zu bewegen, so widerfuhr ihr kein Leid. Lu Bu aber wollte Dong Zhuos Tod, und diesen erreichte er auch. Eines Tages köpfte er seinen Widersacher vor den Augen des Kaisers.

DIE WEISHEIT DAHINTER

Das Spiel mit Verlockungen ist fester Bestandteil nahezu aller Kulturen. Im Buch Jeremia des Alten Testaments findet sich das Zitat: „Denn in meinem Volk finden sich Gottlose; Fallen stellen sie auf, um zu verderben, um Menschen zu fangen. Wie ein Korb voller Vögel, so sind ihre Häuser voll erlisteten Guts; darum sind sie groß geworden und reich" (Jeremia 5,26f.). Der Verführung durch Schönheit kann so gut wie niemand widerstehen, zumal es auch hierbei immer um zwei Seiten geht: um den Verführer und den Verführten. Auf eine Verführung hereinzufallen hängt sicher mit der Beschlagenheit des Verführers zusammen. Konfuzius warnt vor einer Wortwahl, die das Gegenüber umgarnen soll: „Glatte Worte und einschmeichelnde Mienen sind selten vereint mit Sittlichkeit." Wie schwer es ist, sich gegen falsche Bewunderung und unaufrichtiges Lob zur Wehr zu setzen, hat nahezu jeder schon erlebt. Vom deutschen Schriftsteller Rudolf Hagelstange stammt das Wort: „Was deinen Gegnern nicht gelingt, werden deine Schulterklopfer vollbringen." Insofern ist die 31. Kriegslist eine sanfte Gewalt. Hier ist das Schwache, nämlich Yin, in Wirklichkeit das Starke, und das Starke, nämlich Yang, gilt als das Schwache. Bei der Verlockung, der so genannten Venusfalle, werden in übertragenem Sinn alle Realitäten auf den Kopf gestellt. Selbst wenn der Gelobte die List durchschaut, fällt es ihm in der Regel sehr schwer, sich dagegen zu wehren. Wenn er schon nicht darauf hereinfällt, so gewinnt der Schmeichler zumindest die Sympathie des zu Verführenden. Und damit ist das Ziel der List auch erreicht.

Und einen letzten Aspekt gilt es zu betrachten: Wer leicht verführt werden kann, ist meist auch ein guter Verführer.

DIE WEISHEIT ANWENDEN

In der Partnerschaft werden die eigenen Reize gern eingesetzt, um den Partner eifersüchtig zu machen oder ihn aus der

Reserve zu locken. Auch zum Erweis der Treue kann eine fremde Frau oder ein fremder Mann gute Dienste leisten. Viele
Kinofilme arbeiten mit der kühlen, schönen Frau, die an der
Seite eines Mannes ihre Rolle spielt und ab und an die Seiten
tauscht. In fast jedem James-Bond-Film verliebt sich der Agent
in einen weiblichen Gegenspieler und begibt sich dabei in ge-
fährliches Fahrwasser.

Die Werbung nutzt sexuelle Reize seit jeher: Die junge Frau
auf dem Motorrad, der coole Typ im Cabrio, die wundeschö-
nen Beine des Models etc. Es entsteht eine Scheinwelt, die die
Zielgruppe nicht durchschaut. Sie fällt auf die Verlockungen
herein oder will „die Unwahrheit dahinter" zumindest nicht
wahrhaben, weil der schöne Schein so wunderbar ins eigene
Leben strahlt.

Letztlich geht es darum, die emotionale Stabilität des Gegenspielers zu schwächen. Ein unwiderstehlicher Reiz stört den
klaren Blick für die gesteckten Ziele. Will man beispielsweise
von einem männlichen Gegner Informationen erhalten, kann
gezielt ein *weiblicher Spion* auf ihn angesetzt werden. Entweder
der Widersacher nimmt die hübsche Dame in beruflicher
Hinsicht nicht ernst, oder aber er vergisst seine ganze Vorsicht
und beginnt zu sprechen. Das Konkurrenzdenken des Gegenspielers wird auf diese Weise listig umgangen, und der Gegner
wird von seinem Weg abgebracht.

Viele Manager werden mit einem schicken Firmenwagen,
reizvollen Büroausstattungen, zusätzlichen Assistentenstellen
etc. geködert, die zum normalen Gehalt und den Bonuszahlun-
gen hinzukommen.

Diesem symbolischen Taktieren ist nur beizukommen, wenn
man in sich selbst ruht und nicht auf Äußerlichkeiten angewie-
sen ist, wenn man innerlich Distanz zum Objekt der Verführung,
zum Verführer und in gewisser Weise auch zu sich selbst hat.
Und dies verlangt eine sehr genaue und sensible Wahrnehmung
all dessen, was um einen herum passiert.

STRATEGEM $32$

# 空城计

*kong cheng ji*

*Die Tore der leeren Stadt einrennen*

### ERLÄUTERUNG

Die 32. List ist für den Notfall gedacht, wenn keine Gegenwehr mehr möglich ist und man dem Feind komplett ausgeliefert ist. Das Strategem nützt die dem Menschen typische Eigenschaft, hinter offensichtlicher Schwäche Stärke zu vermuten und hinter geprahlter Stärke Mattigkeit. Folgendes Beispiel veranschaulicht Strategem 32: Der Angreifer schreitet mit seinem starken Heer auf ein Lager zu, das völlig leer anmutet: keine Feuer, keine Gesänge, keine Soldaten. Der Angreifer denkt an eine irgendwie geartete List und bringt seine Armee dazu, Halt zu machen. Tatsächlich aber gibt es nichts zu fürchten, denn die Armee des Feindes ist tatsächlich am Boden. Der listige Feind hat aber beim Angreifer einen Rückzug erreicht. Dies gibt ihm Zeit zur Flucht, zumindest aber wird ihm eine Schonfrist verliehen. Dem Feind die Entscheidung über Leben und Tod zu überlassen kann natürlich auch zum Untergang führen: Häufig sticht der Gegner erst recht noch einmal zu, um sicher zu gehen. Die List ist gefährlich, denn nicht immer geht die *Strategie der Blendung* auf.

### GESCHICHTE

Aus der Zeit der Drei Reiche wird folgende Begebenheit überliefert: Zhuge Liang sah sich einer übermächtigen Armee gegenüber. Die Truppen des Gegners Sima Yi schritten mit aller Macht auf die Tore seiner Stadt Xicheng zu. Da ersann er eine List: Er ließ die Stadttore öffnen, ließ ein paar seiner Soldaten als brave Männer verkleidet die Straße fegen und setzte sich selbst mit einer Zither auf den Turm, gut sichtbar für den Feind. Sima Yi vermutete beim Anblick des Gegners einen listigen Hinterhalt und befal seinen Truppen den Rückzug. Zu gefährlich schien ihm die Tatsache, einfach in die Stadt hineinzugehen. Nachdem die Feinde von der Stadt abgelassen hatten, führte Zhuge Liang seine Truppen in aller Ruhe aus der Stadt hinaus. Er hatte gesiegt.

### DIE WEISHEIT DAHINTER
Die Tore einer leeren Stadt einrennen erscheint für westliches Denken absurd. Doch so einfach die List auf den ersten Blick erscheinen mag, so schwierig ist es, sie in ihrer ganzen Konsequenz zu erfassen und umzusetzen. Da ist einerseits die Radikalität im Umgang mit der Wirklichkeit. Denn Basis des Strategems ist ja die Offenlegung der eigenen Schwäche. Dieser Schritt verlangt wahre Größe. Das psychologisch Vertrackte ist es, die eigene Angst auf den Gegner zu projizieren. Gewissermaßen muss er meine Angst „übernehmen". Er muss glauben, die Stadt sei eben nicht leer, sondern hinter jeder Nische lauere der Tod. Ein gigantisches Spiel mit dem Feuer: Dem Gegner die wahre Schwäche zu zeigen und ihn damit zu täuschen, das ist ein nahezu aussichtsloses Unterfangen.

Es ist der Sieg der Schlauheit über die Stärke. Hier kommt die daoistische Weisheit der Rückwendung zum Tragen: Mit der Schwachheit die Härte überwinden. Oder mit Laotse gesprochen: „Wer gut zu führen weiß, ist nicht kriegerisch. Wer gut zu kämpfen weiß, ist nicht zornig. Wer gut die Feinde zu besiegen weiß, kämpft nicht mit ihnen." In gewisser Weise finden sich hierin Anklänge an das Denken Senecas, der seinen Zuhörern empfiehlt, sich selbst zu vertrauen und darin beständig zu sein, sich nicht von wechselnden Launen und Gemütsschwankungen beeinflussen zu lassen. Die größte Aufgabe sei es, seine wahren Absichten herauszufinden.

Und die daraus resultierende Sicherheit ist es, die den weit überlegenen Gegner letztendlich zur Flucht treibt. Angesichts einer in sich ruhenden Widerstandslosigkeit lässt sich nur eine unglaubliche Macht vermuten. Der Gegner kann nur von sich selbst ausgehen. Die Projektion ist geglückt. Der Angreifer hat sich die Angst des Angegriffenen zu eigen gemacht: Das allzu Offensichtliche erregt allergrößte Skepsis und Zweifel.

DIE WEISHEIT ANWENDEN

Sich tot zu stellen ist im Tierreich ein vielfach verwendeter Trick, um den Gegner dazu zu bringen, den am Boden liegenden Feind zu verschonen. Tatsächlich aber wird der scheinbar Tote in dem Moment zu neuem Leben erweckt, in dem der Feind ihm den Rücken zuwendet. Die unübersehbare Schwäche wird also in ihrer ganzen Ausprägung gezeigt, um eine Täuschung herbeizuführen.

In der Firmenwelt funktioniert diese List folgendermaßen: Wenn die Insolvenz unausweichlich scheint und das Unternehmen nur noch wenige Chancen sieht, jemals wieder finanziell auf die Füße zu kommen, gibt es sich betont geschwächt, um die Gegner von sich abzulenken. Entweder der Gegner durchschaut das Spiel und setzt zum Dolchstoß an, oder er lässt den Gegenspieler am Rande wirken. So kann dieser mit etwas Glück zu neuen Kräften kommen.

Wenn der Konkurrent nicht von seinen Stärken spricht, sondern seine Schwächen öffentlich macht, bekommt der Beobachter leicht das Gefühl, hier stimme etwas nicht. Eine solche Strategie ist derart ungewöhnlich, ja unbekannt, dass man leicht versucht ist, sie als absurd abzutun. Und doch wird sie auch in unserer Gesellschaft immer wieder angewendet. Vor allem auf sportlicher Ebene wird versucht, von der tatsächlichen Stärke oder Schwäche abzulenken, damit man sich in Ruhe auf den nächsten Wettkampf vorbereiten kann.

Auf politischer Ebene ist es die Idee, unangenehme Entwicklungen zu vertuschen. Die Öffentlichkeit wird mit allen möglichen Daten und Fakten abgespeist, um von den wirklich bedrohlichen Entwicklungen abzulenken. Meist gelingt dies aber nur über einen begrenzten Zeitraum. Auch der geringste Zeitgewinn ist gerade auf politischer Ebene von enormer Wichtigkeit, denn damit kann man sich bis über die nächsten Wahlen hinüberretten.

Eine Partnerschaft, die am Boden ist, lässt sich durch Stratagem 32 eventuell noch einmal stabilisieren: Im Machtspiel zwischen Mann und Frau kann der eine sich betont stark geben, obwohl ihm „zum Heulen" zumute ist. Wenn der Partner die List durchschaut, erkennt er die Schwäche dahinter und holt zum vernichtenden Schlag aus. Lässt er sich von der glänzenden Fassade blenden, nimmt er sich vielleicht zurück und lässt den anderen noch einmal Luft holen. So kann das Gleichgewicht der Kräfte wieder aufgebaut werden. Auch das Demonstrieren totaler Schwäche kann funktionieren: Frauen brechen zuweilen in Tränen aus und stimmen damit den Partner milde. Vermutet dieser allerdings eine List dahinter, ist es mit dem Verständnis schnell vorbei.

Kinder sieht man beim Spiel häufig mit erhobenen Händen in einer Ich-ergebe-mich-Pose. Der Spielkamerad vermutet meist nicht zu Unrecht nur eine listige Geste dahinter. Kaum kommt der *Angreifer* näher, ist von der Unterwerfung nichts mehr zu sehen, und der scheinbar Unterlegene holt zum Gegenschlag aus.

STRATEGEM 33

友间计

*fan jian ji*

*Den Spion des Feindes in seinem Lager Zwietracht säen lassen*

ERLÄUTERUNG

Spionage ist ein Jahrtausende altes Mittel, um Informationen über den Feind zu erhalten, ohne sich selbst in unmittelbare Gefahr zu begeben. Den Spion des Feindes für die eigenen Pläne auszunutzen ist ein deutlich schwierigeres Unterfangen. Zunächst muss der Spion im eigenen Lager entdeckt und gefasst werden. Dazu bedarf es genauer Beobachtung eines jeden Einzelnen, der verdächtig erscheint. Hat man den Spitzel einmal ausfindig gemacht, muss er entsprechend gefügig gemacht und bestochen werden. Er soll schließlich im feindlichen Lager Gerüchte und spezielle Kunde verbreiten. Der so genannte Doppelagent, der zum Gegner übergelaufen ist, will gepflegt und umgarnt werden, denn er ist eine der wichtigsten Errungenschaften, die es im Kriegsfall geben kann. Vorsicht ist geboten, denn nicht jederman ist bestechlich! Selbst wenn ein Späher sich scheinbar für die

Zwecke des Feindes hergibt, kann es immer noch sein, dass er dies planvoll tut und im eigenen Lager dennoch alle Informationen weitergibt. Er spielt ein doppeltes Spiel.

Die zweite Möglichkeit besteht darin, geschickt falsche Informationen im eigenen Lager zu verbreiten, die auch den unerkannten Spion irgendwann erreichen müssten. Allerdings müssen alle Mitstreiter dieses Spiel kennen und mitspielen. Der Erfolg ist nicht garantiert, denn es gibt immer Wackelkandidaten, die das Spiel mit der Wahrheit für eigene Zwecke nutzen.

### GESCHICHTE

In der schwierigen Epoche der Drei Reiche fand Strategem 33 auf höchst durchtriebene Weise Anwendung: Der berühmte Cao Cao war im Begriff, den Staat Wu anzugreifen, dessen Regent Sun Quan war. Sun Quan war mit dem Staat Shu ein Bündnis eingegangen, um Cao Cao zu stoppen. Trotzdem gelang es Cao Cao, mit seinem riesigen Heer über den Gelben Fluss zu segeln. Leider musste er sehr schnell feststellen, dass sein Heer zu Wasser keine besondere Streitkraft darstellte. So ließ er die Truppen für diesen schwierigen Krieg von zwei Marinegenerälen ausbilden, die aus dem Staat Wu zu ihm übergelaufen waren. Parallel entsandte er aber zur Sicherheit einen Spion, Jiang Gan, ins feindliche Lager. Dieser war mit dem Feldherrn aus Wu, Zhou Yu, befreundet, und so erhielt er problemlos Einlass in die feindliche Hochburg. Der Spion wurde allerdings in die Falle gelockt: Zhou Yu ließ einen Brief aufsetzen, der eine Verschwörung gegen Cao Cao zum Inhalt hatte. Die beiden neuen Generäle, die Cao Cao angestellt hatte, wurden als Rebellen bezichtigt. Bei Nacht und Nebel fand Jiang Gan diesen Brief auf dem Schreibtisch Zhou Yus und überbrachte ihn umgehend Cao Cao. Dieser, entsetzt über die Kaltblütigkeit der beiden Generäle, ließ sie sofort töten. Das war ein großer Fehler, denn nun war sein Heer auf sich gestellt. Wer sollte die Truppen im Wassergefecht befehligen? Es kam, wie es kommen musste: Die Armee Cao Caos wurden bei der nächsten Schlacht vernichtend geschlagen.

### DIE WEISHEIT DAHINTER

Strategem 33 zwingt dazu, sich mit dem Thema Zweifel, dem Spiel mit der Angst, der Janusköpfigkeit auseinanderzusetzen. Gemeinhin werden Personen als janusköpfig bezeichnet, die sich widersprüchlich verhalten oder die zwei unterschiedliche Seiten von sich zeigen, die letztendlich nicht miteinander vereinbar sind. Der Name Janus bezeichnet eine der ältesten römischen Gottheiten. Der Januskopf ist das Symbol der Zwiespältigkeit: Janus war der römische Gott des Anfangs und des Endes.

Ein Spion ist grenzüberschreitend, er gewinnt Vertrauen beim Gegner und nützt dieses Vertrauen aus. Der Doppelagent ist in seiner Funktion völlig gespalten: Wem kann er und wer kann ihm vertrauen?

Der Begriff Spion leitet sich ab von *spähen*. Und unter Spähen versteht man das genaue, aber vorsichtige scharfe Schauen, das Auskundschaften, das lauernde Beobachten. Spionage als probates Mittel der Kriegsführung hat sich im Westen seit dem Dreißigjährigen Krieg durchgesetzt.

Der Späher bewegt sich psychodynamisch immer zwischen Mut und Angst, zwischen Vertrauen und Zweifel. Es ist ein Spiel mit der Angst vor Entdeckung. In dieser Ambivalenz versucht er, sein Leben einzurichten. Das Motiv dafür hat selbstzerstörerische Seiten.

Der Zweifel wurde in der abendländischen Kultur vor allem vom Philosophen René Descartes von der Methode der Erkenntnis zum reinigenden Prinzip erhoben. Dass es sich dabei nicht nur um intellektuelle Koketterie handelt, wird an der Person eines Spions deutlich: Er ist ein Grenzgänger, der seinem Zweifel vertraut. Der Zweifel ist also ein maßgeblicher Faktor, um als Spion zu bestehen.

In unserem geschichtlichen Beispiel wird der Spion enttarnt und für die eigene Kriegslist funktionalisiert. Der vermeintliche Geheimnisermittler bringt ein tödliches Virus in Form eines fingierten Briefes ins heimatliche Lager.

### DIE WEISHEIT ANWENDEN

Das Abwerben von Führungskräften mit ihrem gesamten Wissen und wertvollen Erfahrungen ist eine ethisch vertretbare Form des Wettbewerbs. Zwar darf der neue Manager keine Interna ausplaudern, aber er kann auch ohne genaue Angaben vorteilhafte Strategien nennen, die im anderen Unternehmen

zum Erfolg geführt haben. Wenn er dann allerdings in die ehemalige Firma zurückkehrt, was es immer wieder einmal gibt,
wird die Lage für alle Beteiligten brenzlig.

Sonst finden sich Spione eher unter den eigenen Mitarbeitern.
Durch Bestechung und Drohung, aber auch durch Erpressung
haben sich Spione „moralisch" verpflichtet, Auskunft über ihre
Tätigkeit, das Handeln anderer oder ihr Unternehmen an Dritte
weiterzugeben.

Das Überlaufen von Spionen ins feindliche Lage findet sich
im privaten Bereich eher selten, und doch gibt es sie, die Dop-
pelagenten: Kinder beispielsweise kennen kaum moralische
Skrupel und wechseln ihre Freunde häufig. Mal sind sie für
den einen, mal für den anderen interessant. Mal halten sie zum
einen, mal zum anderen, je nachdem, wie sie sich gerade fühlen und womit sie sich gerade beschäftigen.

Wollen wir gängige Klischees bedienen, dann darf man vorsichtig feststellen: Das bekannte „Lästern" findet sich unter
Frauen häufiger als in den von Männern dominierten Lebensbereichen. Frauen neigen dazu, alles zu besprechen und sich
gegenüber der Gesprächspartnerin in einer Weise solidarisch
zu geben. So lässt es sich gar nicht umgehen, mal auf der einen
und mal auf der anderen Seite mitzuschwimmen und auch einmal Geheimnisse auszuplaudern.

Die zwei Seelen, von denen in Goethes Faust die Rede ist,
sind das Kennzeichen bei der Anwendung dieses Strategems:
Man muss gar nicht so weit spähen, um den täglich in sich auf-
kommenden *Januskopf* niederzudrücken. Meist zeigt sich die
Anwendung dieser List in Situationen des täglichen Lebens,
die wir gemeinhin als banal bezeichnen: Beim Gespräch mit
der Nachbarin, dem Chef oder dem Kollegen, im Friseurladen
oder beim Einkaufen. Und immer dann, wenn wir uns nicht
sicher fühlen und wir Angst davor haben, die eigene Position
konsequent zu vertreten. Strategem 33 ist besonders dann interessant, wenn wir auf unseren eignen Vorteil bedacht sein müssen.

STRATEGEM 34

苦肉计

*ku rou ji*

*Sich selbst verletzen, um das Vertrauen des Feindes zu erringen*

### ERLÄUTERUNG

Wer geht sofort davon aus, dass ein Mensch, der verwundet am Boden liegt, selbst Urheber der Verletzung sein könnte? Strategem 34 rechnet damit, dass der verletzte Feind Mitleid beim Gegner erregt, ihn also davon abhält, erneut die Klinge zu wetzen. Die kaltblütig eingesetzte Selbstverstümmelung, um den Widersacher milde zu stimmen, durchschaut der Feind meist nicht. Er wird siegessicher zum Rückzug blasen, ist der Gegenspieler doch dem Tod näher als dem Leben. Strategem 34 kann eingesetzt werden, wenn nichts anderes mehr bleibt: Schwäche vorzutäuschen, die sich dann, im rechten Moment, in unnachgiebige Kampfkraft verwandelt, kann die letzte Chance zum Überleben sein. Diese List kann im übertragenen Sinn auch für ein ganzes Heer gelten. Eine Armee, die offensichtlich viele Verluste einstecken musste, die zermürbt und unkonzentriert wirkt, stellt keine Gefahr dar.

Eine andere Strategemvariante benutzt einen Späher, den man ins feindliche Lager einschleust. Dieser Mann, seelisch oder körperlich verwundet, soll den Feind zum Reden bringen. Ein geschwächter Fremder ist kein ernst zu nehmender Gegner mehr. Er kann gefahrlos in die eigenen Reihen aufgenommen werden. Der unerkannte Spion wird versorgt und gepflegt, um ihm dann Informationen entlocken und ihn ausnutzen zu können. Dass die schwere Verwundung reine Täuschung war, kommt erst beim nächsten Vertrauensbruch zu Tage. Und dann ist es bereits zu spät.

### GESCHICHTE

Wiederum treffen wir auf Cao Cao und seinen Widersacher Zhou Yu. Nachdem Cao Cao seine Marinegeneräle hatte köpfen lassen, wie in Strategem 33 beschrieben, und sich damit

jede Chance zum Sieg genommen hatte, triumphierte Zhou Yu.
Sein Kommandant Huang Gai machte ihn allerdings öffentlich
lächerlich, da er Cao Cao immer noch für den Stärkeren hielt.
Nun drohte ihm die Prügelstrafe seines Herrn. Nach 50
Peitschenhieben ließ Zhou Yu von ihm ab. In der Nacht schrieb
der verwundete Huang Gai einen Brief an Cao Cao, in dem er
den Wunsch äußerte, überlaufen zu wollen. Cao Cao glaubte
ihm, da der Kommandant ja von seinem Feldherrn so schwer
misshandelt worden war. Cao Cao durchschaute Strategem 34
nicht. War Huang Gai tatsächlich vorsätzlich und mit Hinterlist
verletzt worden, um Cao Cao milde zu stimmen? So war es,
denn als Huang Gai mit einer Flotte zu Cao Cao segelte, ließ er
die Schiffe Cao Caos anzünden und eröffnete damit den
Siegeszug über Cao Cao.

### Die Weisheit dahinter

Strategem 34 mutet im Kern sehr fremd an: Sich selbst zu
verletzen oder sich fast totschlagen zu lassen, um damit den
Gegner zu täuschen, ist ein Zeichen bedingungsloser Treue.
Das Eigenschaftswort *treu* leitet sich etymologisch von „kern-
holzartig fest" ab. So stabil wie der Kern des Hartholzes soll die
Treue sein. Treue ist nach westlichem Denken eine Tugend, die
im Wertekatalog ganz oben steht. Schillers Ballade „Die Bürg-
schaft" handelt davon. Sie gipfelt im Schlusswort: „Und die
Treue, sie ist doch kein leerer Wahn, so nehmt auch mich zum
Genossen an." Bei Konfuzius lesen wir: „Ich prüfe täglich drei-
fach mein Selbst: Ob ich, für andere sinnend, es etwa nicht aus
innerstem Herzen getan; ob ich, mit Freunden verkehrend,
etwa meinem Worte nicht treu war; ob ich meine Lehren etwa
nicht geübt habe." Und im Buch der Sprichwörter des Alten
Testaments wird über die Treue gesagt: „Ein treuer Zeuge erret-
tet das Leben" (Sprüche 14,25), „ein treuer Freund liebt mehr
denn ein Bruder" (Sprüche 18,24), „ein treuer Mann wird viel
gesegnet" (Sprüche 28,20). In unserem Zusammenhang geht
die Treue bis hin zur Selbstaufgabe, ja zur Selbstentäußerung.
Der Getreue opfert sich für seinen Herrn. Bei George Bernard
Shaw findet sich der Satz: „Wenn du damit beginnst, dich denen aufzuopfern, die du liebst, wirst du damit enden, die zu
hassen, denen du dich aufgeopfert hast." In Strategem 34 geht

diese Selbstaufgabe, die Selbsthingabe, so weit, dass niemand, außer dem Herrn, von diesem Treueid weiß. Alle anderen gehen davon aus, dass der Gefolterte zum Feind überlaufen werde. An diesem Strategem wird deutlich, welche Wirkung von wahrer Treue ausgehen kann. Sie ist eine Sache zwischen zwei Menschen, die alles, was sie haben, füreinander geben, wenn es nur der einen großen Sache dient.

### DIE WEISHEIT ANWENDEN

Beispiele für Strategem 34 gibt es mehr als genug: Verbrecher, die ein Geständnis ablegen, die sich also – bildlich gesprochen – selbst verwunden, erwartet ein milderes Strafmaß.

Politiker, die den Rückzug antreten, weil sie selbst oder ihre Partei Dreck am Stecken haben, retten auf diese Weise das letzte Fünkchen Glaubwürdigkeit.

Menschen, die Leiden auf sich nehmen, um etwas zu erreichen, sind meist Sympathieträger. Ob religiös oder politisch motiviert, wer so weit geht, Hand an sich selbst zu legen, muss es schon sehr ernst meinen mit seinem Anliegen. Mahatma Gandhi ging in den Hungerstreik, um gewaltfrei für seine Überzeugungen und die Rechte der Benachteiligten zu kämpfen. Streng religiöse Menschen züchtigen sich durch Selbstgeißelung und demonstrieren damit die Wahrhaftigkeit ihres Glaubens. Dass auch diese Handlungen nur Mittel zum Zweck sind, um die eigenen oder die Emotionen der Zuschauer zu steuern, geht im Taumel der Gefühle oft unter.

Kinder wissen sehr genau, dass die Eltern ihnen viel Zuwendung entgegenbringen, wenn sie krank oder traurig sind. Sich selbst schwächer zu machen, als man wirklich ist, kann also durchaus zum Ziel führen. Auch in der Partnerschaft erreicht man mit Emotionen meist mehr als mit theoretischen Auseinandersetzungen. Ist der eine Partner seelisch instabil, liegt es in der Natur des Liebenden, dem Leidenden nachzugeben.

Die wahren Veränderungen im Leben sind nur möglich, wenn man seinen Überzeugungen treu bleibt, wie es so schön heißt. Diese Treue betrifft eben nicht nur die engsten Beziehungen zu Partner, Familie und Freunden, sondern sie zeigt sich auch in den großen Überzeugungen und Zielen im Leben, etwa wenn Menschen sich unter schwierigsten Bedingungen bei *Ärzte ohne Grenzen*, bei *Greenpeace* oder bei *Menschen für Menschen* engagieren. Treue wird in den genannten Fällen von Prinzipien wie Nächstenliebe und Verantwortlichkeit gegenüber der Schöpfung geleitet.

STRATEGEM $35$

# 连环计

*lian huan ji*

*Mehrere Listen aneinanderketten*

### ERLÄUTERUNG

Dieses Strategem rät dazu, sich ständig und zu jeder Zeit und in jeder Situation mit hellem Geist der Gegenwart zu stellen, niemals abzugleiten und die Kontrolle zu verlieren. Im Kampf ist ständige Präsenz gefordert, physisch wie psychisch. Deshalb fordert Strategem 35 den Einsatz verschiedener Tücken und deren Verkettung zu einer Erfolg versprechenden Handlungsweise. Der Gegner muss in die Falle gelockt und daran gehindert werden, zielgerichtet zu kämpfen. Verschiedene Listen, die sich gegenseitig bestärken, sollen den Widersacher ins Aus führen. Wie in einer Art Dominoeffekt führen Tücke um Tücke zum Sieg über den Feind. Sollte der Gegner eine List durchschauen, greift bereits die nächste. Strategem 35 bedarf einer Planung, die alles Für und Wider bedenkt und auch Verluste einkalkuliert. Es muss immer einen Plan B geben. Je stärker der Feind ist und je mehr Menschen unter seiner Befehlsgewalt stehen, desto eher findet der Angreifer die Achillesferse des Gegners.

### GESCHICHTE

Strategem 34 berichtet von Huang Gai, der die Flotte Cao Caos in Brand setzte. Dies wäre ihm nicht gelungen, wenn Zhou Yu nicht mithilfe verschiedener Strategien und vieler ihm höriger Männer Cao Cao dazu gebracht hätte, seine Schiffe für den Krieg auf dem Wasser aneinanderzuketten. So erreichte

Zhou Yu, dass die gesamte Flotte Cao Caos nicht mehr in der Lage war, zu manövrieren. Pang Tong, ein kluger Kriegsstratege und Philosoph, der von Zhou Yu geschickt worden war, bot Cao Cao seine Dienste an und schlug ihm vor, seine Schiffe zu verbinden. So sollten die Männer vor der Seekrankheit geschützt werden, die dem Heer Cao Caos sehr zusetzte. Cao Cao folgte dem Rat: Der feste Boden, der durch die Verbindungen erreicht worden war, konnte die Männer tatsächlich vor der Übelkeit bewahren. Das Feuer aber griff rasant von Schiff zu Schiff über und zerstörte die gesamte Flotte. Kein Schiff konnte abdrehen, kein Kapitän fliehen. Die Soldaten waren nicht mehr in der Lage zu kämpfen, sie stürzten sich ins Wasser und ertranken. Cao Cao konnte fliehen.

### DIE WEISHEIT DAHINTER

Strategem 35 verlangt unterschiedliche Fähigkeiten auf verschiedenen Ebenen. Wissen, Erfahrung, Gedächtnis und Kreativität im Zusammenspiel garantieren den Erfolg. In diesem Beispiel für Strategem 35 finden sich Strategem 28 (Auf das Dach locken und dann die Leiter wegziehen), Strategem 33 (Den Spion des Feindes in seinem Lager Zwietracht säen lassen) und Strategem 34 (Sich selbst verletzen, um das Vertrauen des Feindes zu erringen). Damit einzelne Strategeme sinnvoll verkettet in eine neue List münden, ist vor allem die Kenntnis der einzelnen Tücken notwendig. Ferner setzt die Anwendung Erfahrung voraus. Entscheidend für den angemessenen Gebrauch ist auch eine „seismographische" Wachsamkeit.

Das Thema Wachsamkeit beschäftigt die Menschen seit alters. Das Gleichnis „Von den klugen und törichten Jungfrauen" im Neuen Testament zeigt drastisch den Unterschied zwischen schlauer Wachsamkeit und törichter Stumpfheit gegenüber dem, was eine konkrete Situation erfordert. Die wachsamen Jungfrauen gingen dem Bräutigam mit Lampen und Öl entgegen, die törichten jedoch nahmen ihre Lampen, aber kein Öl mit. Während die törichten Jungfrauen Öl kaufen mussten, gingen die wachsamen und klugen Jungfrauen zur Hochzeit. Und als die törichten Jungfrauen endlich mit ihrem Öl kamen, war es bereits zu spät, denn die Türen waren verschlossen (vgl. Matthäus 25,1–13). Der Philosoph, Psychoanalytiker und

Sozialpsychologie Erich Fromm definierte den Wachzustand folgendermaßen: „Im Wachzustand ist die ganze Person mit der Aufgabe betreut, Nahrung, Obdach und andere Lebensnotwendigkeiten zu erbringen sowie sich gegen Gefahren zu schützen" (Erich Fromm, Vom Haben zum Sein, S. 51).

Die Wachsamkeit erlaubt es, aus der Sackgasse herauszukommen und die entsprechenden Verknüpfungen zu finden, um den Feind in die Knie zu zwingen. Bei Konfuzius findet sich ein Satz, der gleichsam als Motto über der Strategemverkettung stehen könnte: „Viel hören, das Zweifelhafte beiseite lassen, vorsichtig das Übrige aussprechen, so macht man wenig Fehler. Viel sehen, das Gefährliche beiseite lassen, vorsichtig das Übrige tun, so hat man wenig zu bereuen."

### DIE WEISHEIT ANWENDEN

Für die Vielfalt an Strategemen, die es zu verketten gilt, finden sich auch reichlich Möglichkeiten der Anwendung im menschlichen Alltag.

Staaten regieren immer strategisch, um ihr Ziel zu erreichen. Politik ist letztlich nichts anderes als die Verkettung verschiedener Strategien: Gespräche, Verträge, Verwarnungen, Versprechungen oder Drohungen, all das wird planvoll und mit Hintergedanken eingesetzt, um Ziele durchzusetzen.

Im Berufsleben für alle Eventualitäten gewappnet zu sein und stets ein Hintertürchen geöffnet zu halten führt mit großer Wahrscheinlichkeit zum Karrieresprung. Funktioniert der direkte Weg nicht, gilt es Pläne zu entwickeln, die auf anderen Pfaden zum Ziel zu führen. Je mehr Möglichkeiten der Reaktion zum persönlichen Repertoire gehören, desto eher findet man sich zurecht. Emotionale wie rationale Fähigkeiten lassen den Agierenden zu einer starken Persönlichkeit werden, die sich in allen Lebenslagen behaupten kann.

Da sei das Beispiel der geschickten Gesprächsführung genannt: Entweder das Gegenüber lässt sich durch Fachwissen beeindrucken oder aber durch Täuschung. Fruchtet beides nicht, kann man dem Widersacher immer noch mit einer Ausrede aus dem Weg gehen oder ihn durch einen Themenwechsel aus der Bahn werfen. Hat auch das keinen Erfolg, sucht man sich einen dritten Gesprächspartner, der einem aus der Bredouille hilft etc. Die Strategien sind reichhaltig, man muss sie nur anzuwenden wissen.

Eltern können ihre Kinder auf vielfältige Weise erziehen. Versagt Plan A, muss Plan B greifen. Wirkt das Gespräch mit dem Sprössling nicht, müssen die Gefühle des Kindes erreicht werden, hilft das auch nicht, funktioniert vielleicht die „Bestechung", erreicht man auch damit sein Ziel nicht, werden die Freunde des Kindes für die eigenen Interessen funktionalisiert.

Diese Beispiele mögen zeigen, dass es kein erfolgreiches Handeln ohne Plan und Strategie gibt.

Die Strategemverkettung eignet sich für nahezu alle Gesprächsrunden, ob am Arbeitsplatz, in der Vereinssitzung, in der Selbsthilfegruppe, im Freundeskreis oder in der Familie. Allerdings sollte es dabei nicht um einen wie auch immer gearteten *Sieg* gehen, sondern um das bessere Argument, um die klügere Erkenntnis oder Einsicht. Unsicherheit, auf welcher Seite auch immer, ist auch ein Zeichen für die Bereitschaft für Veränderung. Sie eröffnet die Chance, den eigenen Standpunkt zu reflektieren und seine Überzeugung zu revidieren. Dies ist allerdings nur möglich, wenn die Auseinandersetzungen ehrlich und objektiv geführt werden.

STRATEGEM 36

# 走为上策

## *zou wei shang*

*Weglaufen ist die beste Methode*

### ERLÄUTERUNG

Wenn alle Chancen vertan sind und keine Möglichkeit mehr besteht, den Kampf für sich zu entscheiden, muss die Flucht ins Auge gefasst werden, so Strategem 36. Der Angreifer sollte Kräfte sparen und den Rückzug zur Erholung nutzen, wenn er denn überlebt. Flucht darf nicht mit Kapitulation gleichgesetzt werden. Weglaufen kann auch ein entscheidender Schritt der Kriegsführung sein. Wieso dem Feind ins Messer laufen, wenn durch eine Unterbrechung der Sieg wahrscheinlicher wird? Auch ein Kurswechsel kann die Chance auf Erfolg verbessern, wenn der ursprüngliche Plan zu scheitern droht. Um sich neu zu organisieren, benötigt der Angreifer allerdings Zeit. Hierfür bedarf es der scheinbaren Flucht, um den Feind zu stoppen. Selbst die Flucht muss taktisch geschickt geplant werden, auch wenn sie spontan aus der Not heraus erfolgen muss. Entscheidend ist, dass der Gegner dem Angreifer nicht nachsetzt und ihm hinterrücks Schaden zufügen kann.

GESCHICHTE

Zhuge Liang war Premierminister des Staates Shu und wollte gegen das große Königreich Wei einschreiten. Obwohl Zhuge Liang den Krieg verlor und dabei sterben musste, sind seine Feldzüge wegen der Fluchten vor dem Feind berühmt geworden: Immer wieder führte er seine starke Armee durch die bergige Region zurück und verhinderte dadurch den vernichtenden Schlag. Mehrere Listen ermöglichten ihm immer wieder den geplanten Rückzug. Selbst die letzte Flucht plante er kurz vor seinem Tod, durchgeführt wurde sie aber, als er schon nicht mehr am Leben war. Der Gegner aus Wei, Sima Yi, setzte dem fliehenden Heer nach, als er von Zhuge Liangs Tod erfahren hatte. Als er kurz vor den Feinden stand, drehten sich die Soldaten um: Sima Yi sah Zhuge Liang in einem Gefährt thronen, umgeben von Fahnen und begleitet von Kriegsgeschrei. Erschrocken ließ Sima Yi von den Widersachern ab und blies zum Rückzug. Zhuge Liang allerdings hatte nur als geschnitzte Figur auf dem Wagen gesessen, er war zu diesem Zeitpunkt bereits tot.

Eine andere Geschichte erzählt von Tan Daoji, auf den die Tradierung der Strategeme zurückgeht. Tan Daoji war General der südlichen Song-Dynastie unter König Wen. Er wurde ausgeschickt, um im Norden gegen rebellierende Völker einzuschreiten. Erfolgreich bestritt er Kampf um Kampf, da gingen ihm die Lebensmittel für seine Armee aus, und er konnte sie nicht mehr erhalten. Also dachte er an einen Rückzug. Doch wie sollte er nun seine riesige Armee unbeschadet aus der Kriegssituation herauslösen? Eines Abends ließ er wie üblich seine Reissäcke durchzählen. Seine Männer hatten den Auftrag, einen davon vor den Toren des Speichers fallen zu lassen und die anderen zum Schein mit Steinen zu füllen. Aus dem einen Sack fiel Reis auf die Erde, scheinbar ohne dass dies jemand kümmerte. Der Spion in den Reihen verstand die Welt nicht mehr. Hieß es nicht, Tan Daoji sei am Ende? Der Späher ließ die Kunde bei den Feinden verbreiten. Der Schock im feindlichen Lager darüber, dass Tan Daoji sich noch immer in bester Kampfverfassung befand, gab dem General genügend Zeit, die Flucht geschickt zu planen. Während die Feinde aufrüsteten und die Klingen wetzten, nutze Tan Daoji die Zeit, um mit seiner Armee den Rückzug anzutreten.

### DIE WEISHEIT DAHINTER

Diese äußerst wichtige List verweist auf verschiedene Bedeutungsebenen: den objektiven Rückzug, die offensive Flucht, die Bergung in einem geschützten Raum (Zuflucht) und das Ausweichen und Verlagern der Kampfhandlungen auf eine andere Ebene. Das Tätigkeitswort *fliehen* ist etymologisch verwandt mit den Verben fliegen, fließen, schweben und schwimmen. Diese Gemeinsamkeiten verdeutlichen die mit dem Begriff Flucht verstandenen westlichen Denkmuster. Der Fliehende ist nicht zu fassen, er entzieht sich dem Zugriff. Damit ist er nicht geschlagen oder besiegt, sondern er weicht dem Kampf aus und kehrt zu einem späteren Zeitpunkt gestärkt zum Schauplatz zurück. Der Angreifer ist in diesem Fall zwar der Stärkere, jedoch in Wahrheit der Unterlegene, kämpft er doch gegen Windmühlen.

Im Buch vom Sinn und Leben sagt Laotse: „Auf der ganzen Welt gibt es nichts Weicheres und Schwächeres als das Wasser. Und doch in der Art, wie es dem Harten zusetzt, kommt nichts ihm gleich. Es kann durch nichts verändert werden. Dass Schwaches das Starke besiegt und Weiches das Harte besiegt, weiß jedermann auf Erden, aber niemand vermag danach zu handeln." In verschiedenen chinesischen Kampfsportarten geht es in erster Linie darum, die Energie des Gegners für sich selbst zu nutzen, den Angreifer ins Leere laufen zu lassen, damit er auf diese Weise seine ganze Energie und Kraft verschwendet. Der Verteidiger nimmt die Angriffsenergie auf und wendet sie fatalerweise gegen den Angreifer. Ein perfides Unterfangen, bei dem in der Regel der Starke dem Schwächeren unterliegt.

Hier geht es darum, Abstand zu gewinnen, Distanz zwischen sich und das Problem zu bringen. Und dazu eignet sich die Flucht oder der Rückzug in der Regel am allerbesten.

### DIE WEISHEIT ANWENDEN

Wegzulaufen ist ein ureigenes Prinzip der menschlichen Verteidigung. Der Körper allein gibt durch Angstgefühle die Fluchttendenz vor. Fight or flight! Kämpfe um dein Leben oder rette es, indem du fliehst! Leider trägt die Flucht meist den negativen Beigeschmack der Schwäche und Resignation, dabei ist sie doch, richtig angewendet, die Königin der List.

In nahezu jeder Situation, in der Menschen aufeinandertreffen, gibt es die Möglichkeit, auszuweichen, wenn die Kraft versiegt. Die Konsequenzen der Flucht zu überblicken ist allerdings unabdingbare Voraussetzung für den Erfolg.

Gerade im Beruf ist es manchmal unmöglich, den Schauplatz zu verlassen, muss man doch mit unliebsamen Konsequenzen wie Abmahnung, Degradierung oder gar Entlassung rechnen. Und dennoch gibt es auch hier die Chance zu fliehen. Es besteht die Möglichkeit, sich geistig auszuklinken, neue innere Kraft zu tanken und dann gestärkt weiterzuarbeiten. Aber auch bei ernsten Konfrontationen können kleine Fluchten die Situation verändern. Wenn es zu einem richtigen Streit kommt, auch in der Partnerschaft, ist es sinnvoll, immer wieder einmal auszuweichen, durchzuatmen und die Aggressionen verrauchen zu lassen. Mit etwas Abstand gelingt dann ein konstruktiverer Neuansatz.

Auch im Konflikt mit Kindern kann eine kleine Verschnaufpause Wunder wirken. Eltern oder Erzieher können das Kind aus einer für es belastenden Situation herausnehmen und ihm die Chance geben, „das Haus von außen zu betrachten". So können die Gefühle neu sortiert und besser ausgedrückt werden.

Besonders von Kindern wird Strategem 36 gern angewendet. Ein Freund wird so lange geärgert, bis dieser zum Gegenschlag ausholt, aber der große Bruder, die Mutter oder auch nur der eigene Garten stehen als Zufluchtsorte schon bereit. Wobei sich gerade an diesem Beispiel zeigt, dass auch Menschen ein Zufluchtsort, ein „Ort" des inneren Rückzugs sein können.

In der Wirtschaft bedeutet ein Rückzug oft den später folgenden Sieg: „Besser ein Ende mit Schrecken als ein Schrecken ohne Ende." Sollte ein Unternehmen den Fehler begehen, das gesamte Potenzial in ein sterbendes Projekt zu investieren, droht ihm der Ruin. Geschickter wäre es, wie es viele Unternehmen vormachen, das Projekt aufzugeben und sich anderweitig zu beschäftigen oder Insolvenz anzumelden und dann gestärkt ein neues Projekt zu starten.

Aber auch die endgültige Flucht als letztes Mittel des Schutzes ist legitim. Eine Kündigung oder eine Scheidung sind beispielsweise wirksame „Mittel", sein Leben zu erhalten. Das sinkende Schiff zu verlassen, ist – so trivial es klingen mag – die einzige Möglichkeit, sich selbst zu retten.

# *Chronologie*

| | |
|---|---|
| Shang-Dynastie | ab 1766 v. Chr. |
| Westliche Zhou-Dynastie | ab 1045 v. Chr. |
| Östliche Zhou-Dynastie | ab 770 v. Chr. |
|     Frühlings- und Herbstepoche | ab 722 v. Chr. |
|     Zeit der streitenden Reiche | ab 403 v. Chr. |
| Qin-Dynastie | ab 221 v. Chr. |
| Han-Dynastien | ab 206 v. Chr. |
|     Frühere Han | ab 206 v. Chr. |
|     Xin-Dynastie | ab 9 |
|     Spätere Han | ab 5 |
| Sechs Dynastien | ab 220 |
| Zeit der Drei Reiche | ab 220 |
|     Wei | ab 220 |
|     Shu | ab 221 |
|     Wu | ab 222 |
| Westliche Jin-Dynastie | ab 265 |
| Östliche Jin-Dynastie | ab 317 |
| Südliche Dynastien | ab 420 |
|     Song | ab 420 |
|     Südliche Qi | ab 479 |
|     Liang | ab 502 |
|     Chen | ab 557 |
| Nördliche Dynastien | ab 386 |
|     Nördliche Wie | ab 386 |
|     Nördliche Zhou | ab 557 |
|     Westliche Wei | ab 524 |
|     Östliche Wei | ab 534 |
|     Nördliche Qi | ab 550 |
| Sui-Dynastie | ab 581 |
| Tang-Dynastie | ab 618 |
| Fünf Dynastien | ab 907 |
|     Spätere Liang | ab 907 |
|     Spätere Tang | ab 923 |
|     Spätere Jin | ab 936 |
|     Spätere Han | ab 947 |
|     Spätere Zhou | ab 951 |
| Song-Dynastien | ab 960 |
|     Nördliche Song | ab 960 |
|     Liao | ab 907/946 |
|     Xixia | ab 1032 |
|     Südliche Song | ab 1127 |
|     Jin | ab 1115 |
| Yuan-Dynastie (Mongolen) | ab 1279 |
| Ming-Dynastie | ab 1368 |
| Qing-Dynastie (Mandschu) | ab 1644 |

# *Literatur*

Die Heilige Schrift des Alten und Neuen Testaments. Züricher Bibel. Evangelische Haupt-Bibelgesellschaft zu Berlin. Berlin1975

Dietrich, Walter: Die frühe Königszeit in Israel. Kohlhammer. Stuttgart 1997

Erl, Willi: Gruppenpädagogik. Katzmann Verlag. Tübingen 1967

Fromm, Erich: Vom Haben zum Sein. Beltz Verlag. Weinheim und Basel 1989

Gao, Yuan: Lock den Tiger aus den Bergen. Rudolf Haufe Verlag. Freiburg i. Br. 1993

Kluge, Friedrich: Etymologisches Wörterbuch der deutschen Sprache. Walter de Gruyter. Berlin 1967

Konfuzius: Gespräche. Lun Yü. Anaconda Verlag. Köln 2007

Krings, Hermann u. a.: Handbuch philosophischer Grundbegriffe. Kösel-Verlag. München 1974

Kranz, Walther: Die griechische Philosophie. Verlag Schibli-Doppler. Basel 1977

Laotse: Das Buch vom Sinn und Leben. C. H. Beck. München 2005

Nagel-Angermann, Monique: Das alte China. Konrad Theiss Verlag GmbH. Stuttgart 2007

Magi, Gianluca: 36 Strategeme für Erfolg und Wohlstand. Kailash Verlag. München 2009

Nin Huang: Wie Chinesen denken. Oldenbourg Verlag. München 2008

Oelmüller, Willi u.a.: Philosophische Arbeitsbücher 3. Diskurs Religion. UTB Schöningh. Paderborn ²1982

Schwarz, Ernst: Die Weisheit des alten China. Kösel-Verlag. München 1994

Safranski, Rüdiger: Schopenhauer. Eugen Diederichs Verlag. München 1985

Schlüter, Christiane: Mein Lieblingsphilosoph. Gütersloher Verlagshaus. Gütersloh 2005

Schmidt-Glintzer, Helwig: Geschichte Chinas bis zur Mongolischen Eroberung. Oldenbourg Verlag. München 1999

Schopenhauer, Arthur: Eristische Dialektik. Kein & Aber. Zürich 2006

Senger, Harro von: Strategeme. Scherz Verlag. Bern, München, Wien 1995

Senger, Harro von: Strategeme, Anleitung zum Überleben. Deutscher Taschenbuch Verlag GmbH & Co. KG. München 1996

Senger, Harro von: Die Kunst der List. Verlag C. H. Beck. München 2001

Ulke, Karl-Dieter: Vorbilder im Denken. Kösel-Verlag. München 1988

## Personenregister

Achilles 16
Bai Qui 87
Bismarck, Otto von, Reichskanzler 73
Brutus 44
Busch,Wilhelm 83
Cao Cao 10, 33, 40, 58, 79, 97, 104, 125, 128, 131, 132
Cao Wei 115
Cäsar 44
Chang Jian 69
Chen Shubao 12
Churchill, Winston 91
David 19
Descartes, René 126
Diaochan 118, 119
Dietrich, Walter 19
Dong Zhuo 58, 118, 119
Ebner-Eschenbach, Marie von 41
Epikur 91
Esau (Bibel) 30
Fan Sui 87, 90
Friedrich II 55
Frisch, Max 81
Fromm, Erich 112, 132
Fu Chai 25, 26
Goethe, Johann Wolfgang 127
Gongsun Kang 40
Gou Jian 25, 26, 118
Hagelstange, Rudolf 119
Hagen 16
Han Xin 107, 108
Han Xing 37, 61, 62
He Nuobi 11, 12
Heraklit 58, 59
Ho Chi Minh 88
Hobbes, Thomas 13
Huang Gai 129, 131
Jakob (Bibel) 30
Jean Paul 73
Jiang Gan 125
Judas 44
Kant 27
Konfuzius 12, 18, 52, 55, 91, 108, 115, 119, 129, 133

Kong Ming → Zhuge Liang
Laotse 66, 73, 76, 87, 97, 98, 105, 122, 136
Lasalle, Ferdinand 51
Lian Po 89
Liu Bang 37, 61, 62, 107, 108
Liu Bei 29, 58, 104
Lu Bu 82, 118, 119
Machiavelli 13, 51, 69
Mahatma Ghandi 130
Mann, Thomas 80
Mao Zedong 9
Marc Aurel 34
Matthäus 48, 59
Meng Huo 65, 66
Mu, Herzog 54
Newman, Paul 23
Nietzsche, Friedrich 116
Pang Juan 15
Pang Juan 22, 23
Pang Tong 131
Potjomkin, Grigorij Aleksandro-witsch 112
Redford, Robert 23
Rommel, Manfred 104
Schiller, Friedrich 91, 129
Schopenhauer, Arthur 38, 62, 63
Seneca 122
Shaodi, Kaiser 58
Shaw, George Bernard 129
Siegfried 16
Sima Yi 121, 135
Sun Bin 15, 21, 22, 23, 47
Sun Tsu 41
Tai Zong 12
Tan Daoji 9, 135, 136
Tian Dan 111
Tian Ji 47
Tille, Peter 87
Tucholsky, Kurt 98
Twain, Mark 69, 104
Wang Yun 118
Wen 135
Wu, Herzog 43
Xi Shi 118

Xiandi, Kaiser 58
Xiang Yu 36, 61, 76
Xu Jia 90
Xue Rengui 12
Yan Zi 101
Yang Jian 11
Yangdi 111
Yin Ziqi 72
Yuan Shang 40
Yuan Shao 40
Yuan Shao 79, 82
Yuan Xi 40
Zhan Xun 72

Zhang Xun 33, 34
Zhao Benxue 9
Zhao Gu 69
Zhao Kuo 87
Zheng, Herzog von 44
Zhong Limei 61, 62
Zhou Yafu 30, 75
Zhou Yu 125, 128, 129, 131, 132
Zhu Jun 29
Zhuge Liang 10, 65, 66, 121, 122,
    135
Zieten, Hans Joachim von 55
Zweig, Stefan 80

## *Sachregister*

Abgrenzung 71
Ablenkungsmanöver, Ablenkungs-
    taktik → Taktik
Aggression 24, 137
Aggressivität → Aggression
Altes Testament 19, 48, 73, 119, 129
Angreifer → Angriff
Angriff 14, 23, 25, 28, 31, 32, 37, 39,
    40, 43, 46, 47, 50, 53, 54, 55, 61,
    66, 71, 75, 79, 82, 84, 86, 87, 88,
    90, 91, 93, 94, 95, 96, 99, 101,
    102, 103, 105, 106, 110, 114, 115,
    116, 117, 121, 122, 124, 133, 134,
    135, 136
Angst, Ängste 13, 82, 88, 90, 99, 102,
    108, 109, 111, 122, 125, 126, 127
Arbeitslosigkeit 109
Arbeitsplatz, Arbeit 42, 81, 99,
    134
Atropos 76
Aufstand, Aufruhr 28, 30
Auseinandersetzung 64, 106
Autorität 115, 116,
Belagerung 15
Beobachtung 19, 106
Betrug 30
Beziehung 26, 56, 74, 77, 84, 89, 92,
    103
Bibel 23, 48, 73
Bildersprache 10
Bildung 20
Buch der Wandlungen 9, 48

Chance, Chancen 51, 53, 54, 63, 123,
    128, 134, 135, 137
Chaos 19, 25, 27, 31, 65, 72, 73, 78,
    80
Charakter 4
Chencang 36, 37
Chengdu 9
Coach 106
Demokratie 74
Disputation 38
Distanz 19, 31, 46, 112, 120, 137
Dominanz 19
Ehe 45, 96
Ehrlichkeit 77
Eifersucht 99, 118, 119
Einfühlung → Empathie
Eltern 16, 17, 48, 67, 70, 84, 88, 95,
    109, 113, 117, 134, 137
Empathie 19, 20, 63, 74, 77
Erfahrung 47, 63, 80, 132
Erfolg 11, 13, 34, 48, 53, 74, 75, 98,
    112, 125, 126, 131, 132, 133, 137
Eristische Dialektik 38, 62, 70
Erziehung 102, 113
Ethik, konfuzianische → Konfuzius
Falle 23, 45, 63, 86, 93, 107, 125, 131
Familie 42, 56, 84, 103, 112, 130, 134
Fehler 15, 27, 53, 98, 133, 138
Feind 22, 25, 28, 29, 30, 32, 36, 43,
    47, 50, 53, 54, 61, 65, 66, 67, 68,
    75, 76, 77, 78, 86, 87, 88, 89, 93,
    96, 97, 98, 103, 105, 107, 108,

117, 118, 121, 123, 128, 130, 131,
133, 136
Finanzkrise 109
Firma, Firmen (-politik) 17, 27, 31,
34, 92, 98 99, 123, 126
Flexibilität 50
Flucht 22, 56, 84, 108, 111, 134, 135,
136, 137, 138
Freiheit 66, 67, 84, 88
Freizeit 42
Freund, Freunde 60, 89, 90, 91, 92,
93, 94, 95, 96, 130
Frustration 49
Führungsstil 14
Geduld 24, 39
Gefahr 18, 28, 39, 77, 83, 105, 128
Gefühl, Emotion 19, 31, 46, 49, 96,
110, 113, 118,123, 130, 137
Gegner 14, 15, 17, 18, 19, 21, 22, 23,
24, 27, 28, 29, 30, 31, 32, 33, 34,
36, 38, 39, 41, 43, 47, 53, 54, 55,
56, 57, 62, 63, 64, 65, 68, 71, 76,
77, 79, 80, 81, 82, 86, 88, 89, 91,
93, 96, 97, 98, 100, 105, 107, 108,
109, 110, 111, 118, 120, 121, 122,
123, 124, 126, 127, 129, 131, 135
Gelassenheit 41, 112
Gerechtigkeit 23
Gerücht 32, 40, 79
Geschichte, chinesische 11, 21, 29,
36, 43, 50, 58, 71, 72, 73, 76, 79,
82, 86 87, 104, 116
Gesellschaft 28, 31
Gespräch 24
Gewalt 38, 73, 100, 118
Gewinn 59, 77, 80
Glück 49, 123
Gruppe, Gruppen (-dynamik,
-struktur) 12, 13, 14, 21, 27, 42,
47, 49, 56, 71 73, 74, 103, 112
Hans im Glück 70
Hanzhong 37
Hinterhalt 15, 16, 69
Hochmut 19
Höhlengleichnis 83
Instrumentalisierung 19
Interessenskonflikt 13
Irak 41

Iran 41
Israel 19
James Bond 120
Jangtsekiang 97
Janus 126
Kairos Occasio 52
Kampf 16, 28, 50, 53, 54, 66, 87, 90,
108, 109, 115, 136
Kapitulation 22
Kind, Kinder 16, 20, 24, 35, 48, 52,
56, 64, 67, 70, 84, 85, 88, 95, 102,
106, 109, 113, 117, 124, 127, 130,
134, 137
Klotho 76
Koguryo-Krieg 12
Kollegen 42, 60, 92, 94, 99, 112
Kompetenz 44, 105
Kompromiss 46
Konflikt 41, 42, 137
Konfrontation 15, 101
Konkurrenz 17, 31, 38, 53, 74, 85,
98, 120
Konzentration 50
Konzern 38, 60
Kraft 39, 41, 65, 74, 76, 94, 109, 111,
136, 137
Kreativität 35, 132
Krieg 25, 29, 46, 47, 54, 55, 76, 82,
86, 89, 95, 102, 110, 124, 125,
126, 135
Krisen, Krisenintervention 13, 27
Kritik 81, 101, 102
Leiter (Leitung, Führung) 14, 20, 71,
73, 105, 109, 110, 116
Lethargie 13, 40, 106
Liang 75
Lüge 35
Macht, Machtkampf 25, 32, 54, 64,
71, 73, 74, 100, 118
Manager 120, 126
Manipulation 32, 60
Medien 17, 32, 81
Menschenbild 15, 44
Misserfolg 49, 98
Mitarbeiter 24, 27, 35, 60, 67, 70, 77,
85, 95, 98, 99, 109, 112
Mitbewerber 17, 28, 56, 74
Mobbing 81

Moral (Ethik) 30, 46, 75, 76, 81, 99
Mut 12, 94, 108, 109, 111, 126
Mythologie 52
Natur 19
Neues Testament 44, 132
Nichts 34, 35
Öffentlichkeit 39, 123
Pädagogik 13, 48
Partei 27, 42, 71, 130
Partner, Partnerschaft 24, 27, 48, 56,
    64, 67, 74, 78, 88, 89, 91, 93, 95,
    99, 102, 105, 106, 110, 117, 120,
    123, 124, 130, 137
Passivität 40, 41
Philosophie 18, 19, 26, 48, 51, 58, 73
Plan 13, 20, 24, 29, 31, 35, 36, 43,,45,
    46, 49, 50, 60, 75, 77, 82, 86, 88,
    97, 98, 103, 124, 131, 133, 134
Poker-Spiel 20
Politik 17, 39, 52, 59, 88, 92, 103, 105,
    112, 130, 133
Pragmatik 30, 47, 51
Prinzipien 18
Problem 28, 32,, 49, 74, 99, 103, 115
Provokation 55, 56
Psychologie, Psyche 10, 65, 86
Rache 23, 25, 90, 107
Raub 72, 75, 80
Reaktion, reagieren 15, 16
Reflexion 23, 35, 84
Religion (-geschichte) 18, 19, 48,
    98, 116
Resignation 137
Risiko 59, 89
Schlagfertigkeit 30
Schule 42, 81
Schwäche, Schwächen 15, 16, 25, 52,
    63, 74, 122, 128
Schwierigkeiten 25
Sein 26, 34, 118
Selbstbewusstsein 71
Selbstdarstellung 37
Selbstüberschätzung 23
Selbstzerstörung 23
Shandong-Provinz 10
Sicherheit 43, 44, 63, 64, 67, 80, 85,
    98

Sieg 28, 35, 46, 47, 49, 62, 66, 84, 87,
    89, 109, 122, 131, 134, 135, 138
Spione 18, 29, 95, 97, 124, 125, 126,
    127, 128, 136
Stärke, Stärken 15, 18, 66, 68, 74, 78,
    121, 123
Stellvertreter 13, 19
Sündenbock 48
Taktik 16, 21, 33, 39, 42, 47, 53
Tapferkeit 12
Tat 31
Täuschung 11, 30, 32, 46, 59, 77, 94
Tom Sawyer, The adventures of
    69
Tradition 19, 48, 59, 60
Trennung 64
Trojanisches Pferd 38
Überlebensstrategie 10
Überlegenheit 20
Unglück 28
Unternehmen 38, 99, 109, 138
Verantwortung 20, 49
Verlust, Verluste 15, 49, 54, 128
Verrat 45
Vertrauen 13, 43, 44, 45, 66, 77, 94,
    114, 115, 126
Volk 26
Vorsicht 45, 53, 54, 55, 65
Vorteil 28, 38, 52, 92, 106, 127
Wahrheit 33, 37, 59, 67, 83, 85, 101,
    113, 125, 136
Weisheit 59
Werbung 70, 102, 112
Wettbewerber, Wettbewerb 38, 98,
    109, 126
Widerstand 14, 36, 51
Wirtschaft 10, 13, 17, 24, 28, 53, 74,
    85, 89, 99, 138
Xicheng 121
Yangtze 11
Yin und Yang 9, 119
Zeit 13
Zheng 43, 44, 54
Ziel 35, 36, 41, 42, 46, 48, 49, 50, 52,
    53, 62, 68, 75, 94, 95, 102, 119
Zweifel 13, 19, 21, 35, 44, 88, 122,
    125, 126, 130, 133